ENTAIRE
E18.869

I0068397

DÉCRET ET TARIF

DU

DROIT D'ENREGISTREMENT,

Du 5 Décembre 1790;

DISPOSÉS PAR ORDRE DE MATIÈRES,

ET, POUR DIVERSES PARTIES DU TARIF,

PAR ORDRE ALPHABÉTIQUE.

PRIX, 1 liv. 16 fols.

A PARIS,

Chez { MM. RABON, Père & Fils, Cloître Saint-Jacques de l'Hopital.
CLOUSIER, Imprimeur du ROI, rue de Sorbonne.
DESENNE, Libraire, au Palais Royal, N.ᵒˢ 1 & 2.

1791.

18860

TABLE DES DISPOSITIONS DU DÉCRET,

DU 5 DÉCEMBRE 1790, CONCERNANT L'ENREGISTREMENT.

AVERTISSEMENT.

Par la Table ci-jointe qui indique le plan de cet Ouvrage, l'on voit qu'en adoptant l'ordre alphabétique pour le Tarif, je conserve toujours l'ordre des matières, puisque non - seulement je place, dans des Chapitres différens, les Actes notariés, les Actes judiciaires, les Actes privés et les Exploits, mais que je range même les Actes notariés sous divers Chapitres relatifs aux trois Classes du Tarif.

La réunion de tous ces objets en un seul corps de Dictionnaire peut paroître plus commode ; mais il est essentiel que les Officiers publics, et principalement les Notaires, se pénètrent de l'esprit du Décret et de la division des Classes, et peut-être, l'ordre que j'ai adopté tend-il à faciliter cette étude indispensable.

Les conventions des hommes, et les évènemens de la vie sur lesquels portent le Droit d'Enregistrement, présentent des champs si vastes et si variés, que j'avois regardé comme infiniment utile, et au Citoyen contribuable, et à l'Officier public, et au Percepteur, un travail qui leur traceroit des routes droites, applanies et éclairées où chacun pourroit se diriger avec certitude, marcher avec sécurité, se suivre et se rencontrer avec confiance.

D<small>ANS</small> cette persuasion, j'avois conçu un autre plan; mais en traçant les premiers alignemens, j'ai reconnu combien cette entreprise étoit délicate, et je me suis borné à adopter une marche qui ne s'écartât point du texte de la Loi. J'en rapporte tous les articles dans leur intégrité, et je ne fais qu'y donner un ordre qui peut rendre l'étude et les recherches plus faciles.

A la suite de cet Ouvrage, on trouvera un exemplaire du Décret et du Tarif. J'ai fait ajouter un numéro, non pas seulement à chaque article, mais à chaque Section d'article. Ce sont ces numéros qui se trouvent rapportés en marge des articles de mon travail. Ils servent à faciliter le renvoi au texte.

DÉCRET

DÉCRET ET TARIF

DU DROIT D'ENREGISTREMENT,

Du 5 Décembre 1790;

Disposés par ordre de Matières, &, pour diverses parties du Tarif, par ordre Alphabétique.

CHAPITRE PREMIER.

Concernant divers Droits abolis, & la formalité de l'Insinuation réservée.

Numéros du Décret.

1er. Droits abolis..... A compter du premier *Février* 1791, les droits de contrôle des actes & des exploits, insinuations ecclésiastiques & laïques, centième denier des immeubles, ensaisinement, scel des jugemens, tous les droits de greffe, les droits réservés sur les procédures lors de la suppression des Offices de tiers référendaires, Contrôleurs des dépens, Vérificateurs des défauts, Receveurs des épices & amendes, le sceau des actes de Notaires, le droit de sceau en Lorraine, celui de bourse commune des Huissiers de Bretagne, les quatre deniers pour livre du prix des ventes de meubles, les droits d'amortissement, de nouvel acquêt & usages, seront abolis.

2. Insinuations....... La formalité de l'insinuation sera donnée aux actes qui exigent la publicité, ainsi qu'il est prescrit par l'article XXIV du Décret de l'Assemblée Nationale des 6 & 7 Septembre 1790.

Nota. Cet article XXIV porte .., Les contrats assujettis à l'insinuation, au sceau ou à la publication, seront aussi provisoirement insinués, scellés & publiés près le Tribunal du District dans l'arrondissement duquel les immeubles qu'ils auront pour objet seront situés sans avoir égard aux anciens ressorts.

A

CHAPITRE II.

CONCERNANT

L'établissement de l'Enregistrement. $\left\{\begin{array}{l}\text{Les objets assujettis à l'Enregistrement.}\\\text{Leur subdivision en trois Classes.}\\\text{Les Droits établis par chaque Classe.}\\\text{Le mode de perception pour la première Classe.}\\\text{L'établissement des Bureaux.}\\\text{Les exceptions.}\end{array}\right.$

PREMIÈRE SECTION.

Établissement de l'Enregistrement, & Objets qui y sont assujettis.

3. Actes des Notaires. Exploits des Huissiers. { Les actes des Notaires & les exploits des Huissiers seront assujettis, dans toute l'étendue du Royaume, à un enregistrement, pour assurer leur existence & constater leur date.

4. Actes Judiciaires... { Les actes judiciaires seront soumis à la même formalité, soit sur la minute, soit sur l'expédition, ainsi qu'il sera expliqué ci-après.

5. Actes privés...... { Les actes passés sous signatures privées y seront pareillement sujets dans les cas prévus par l'article XI.

6. }
7. } Toute propriété nouvelle immobiliaire. { Enfin, le titre de toute propriété ou usufruit de biens immeubles, réels ou fictifs, sera de même enregistré.
A défaut d'actes en forme, ou signature privée, contenant translation de nouvelle propriété, il sera fait enregistrement de la déclaration que les Propriétaires & les Usufruitiers seront tenus de fournir, de la consistance & de la valeur de ces immeubles, soit qu'ils les ayent recueillis par succession ou autrement, en vertu des Loix & coutumes, ou par l'échéance des conditions attachées aux dispositions éventuelles.

DEUXIÈME SECTION.

Subdivision en trois Classes des Objets assujettis à l'Enregistrement.

8. A raison de cette formalité, il sera payé un droit dont les proportions seront déterminées ci-après, suivant la nature des actes & les objets des déclarations,

9. Les actes & les titres de propriété ou d'usufruit soumis à la formalité, seront pour la perception du droit d'Enregistrement divisés en trois classes;

10. Première Classe.... La première comprendra les actes dont les objets ont une valeur déterminée, & dont il résulte immédiatement transmission, attribution, obligation, ou libération.

11. Deuxième Classe.. La seconde classe, ceux dont les objets ne seront pas évalués, soit parce que cette évaluation dépend de circonstances éventuelles, soit parce qu'il n'y a pas lieu à exiger l'évaluation ; cette classe comprendra les contrats de mariage, les testamens, les dons mutuels, les dispositions de biens à venir & de dernière volonté, même les dispositions éventuelles stipulées par des actes entre-vifs dont les objets sont indéterminés.

12. Troisième Classe.... La troisième classe comprendra tous les actes de formalité ou de précaution, les actes préparatoires, ceux qui concernent l'introduction ou l'instruction des instances, ceux qui ne contiennent que l'exécution, le complément ou la consommation de conventions antérieures passées en forme d'actes publics, dont les droits auront été payés sur le pied de la première classe, les donations éventuelles d'objets déterminés, & généralement tous les actes non compris dans les deux classes précédentes.

TROISIÈME SECTION.

Droits établis pour chaque Classe.

PREMIÈRE CLASSE.

13. DROITS proportionnés aux valeurs. Il sera payé pour l'enregistrement des actes & titres de propriété ou d'usufruit de la première classe, un droit proportionnel à la valeur des objets qui y seront désignés.

14. Séries par 100 liv... Cette perception suivra chaque série de 100 liv. inclusivement & sans fraction.

15. Graduation des Droits. La quotité en sera graduée par plusieurs sections depuis 5 sols jusqu'à 4 livres, par cent livres, conformément au tarif qui sera annexé au présent Décret.

DEUXIÈME CLASSE.

16. Quinzième du Revenu Le droit d'Enregistrement des actes de la seconde classe sera payé à raison du quinzième du revenu des Contractans ou Testateurs, & leur revenu sera évalué d'après leur cote d'habitation dans la contribution personnelle, sans que le droit puisse être moindre de 1 liv. 10 s.

17. Compensation..... { Mais dans le cas où un acte de la seconde classe ne transmettroit que des propriétés immobilieres, il sera fait déduction de la somme payée pour l'enregistrement de cet acte, sur celle que le Propriétaire acquittera lors de la déclaration qu'il sera tenu de faire pour raison de ces immeubles.

TROISIÈME CLASSE.

18. Droit fixe......... { Le droit d'Enregistrement des actes de la troisième classe, consistera dans une somme fixe pour chaque espèce depuis 5 s. jusqu'à 12 liv. suivant le degré d'utilité qui en résulte, & conformément aux différentes sections de la troisième partie du Tarif.

QUATRIÈME SECTION.

Mode de perception pour la première Classe.

Le Droit d'Enregistrement des Actes de la première Classe sera perçu, Savoir:

19. Sur le prix exprimé. { Pour les ventes, cessions, ou autres transmissions à titre onéreux, sur le prix exprimé sans fraude, y compris le capital des redevances & de toutes les charges dont l'Acquéreur est tenu.

20. Sur les Déclarations estimatives. { A l'égard des actes portant transmission de propriété ou d'usufruit à titre gratuit des partages de biens meubles; échanges, & autres titres qui ne comporteront pas de prix, le droit d'Enregistrement sera réglé pour les propriétés mobilieres & les immeubles fictifs, d'après la déclaration estimative des Parties; & pour les immeubles réels, d'après la déclaration que les Parties seront pareillement tenues de faire de ce que ces immeubles payent de contribution foncière, & dans le rapport du principal au denier vingt-cinq du revenu desdits biens.

21. Sur une estimation provisoire, au cas où il n'y auroit pas déclaration de prix ou estimation. { Faute de déclaration de prix ou de l'estimation de tous les objets désignés, le droit d'Enregistrement sera perçu suivant les différentes sections de la première classe auxquelles les actes & contrats seront applicables sur une évaluation provisoire de 15,000 liv.

22. DÉCLARATIONS subséquentes. { Les Contractans auront pendant une année, à compter du jour de l'enregistrement, la faculté de faire leur déclaration de la vraie valeur des objets qu'ils auront omis d'estimer; le droit sera réduit dans la proportion de cette évaluation, & l'excédent sera restitué, sans que les Contractans puissent être dispensés de faire l'estimation des objets désignés dont la valeur pourroit donner lieu à un droit qui surpasseroit la fixation provisoire ci-dessus établie.

<table>
<tr><td></td></tr>
</table>

Numéros du Décret.		

23. DÉCLARATIONS fautives.

Dans le cas où une déclaration ne comprendroit pas tous les objets sur lesquels elle doit s'étendre, ou la véritable valeur; ou la quotité réelle de l'imposition territoriale sur tous les objets désignés, conformément à l'article précédent, il sera payé deux fois la somme du droit sur la valeur des objets omis.

CINQUIÈME SECTION.

Établissement des Bureaux.

53. Il sera établi des Bureaux pour l'enregistrement des actes & déclarations, & pour la perception des droits qui en résulteront, dans toutes les Villes où il y a Chef-lieu d'Administration ou Tribunal de District, & en outre, dans les Cantons où ils seront jugés nécessaires, sur l'avis des Districts & Départemens, sans que l'arrondissement d'aucun de ces Bureaux puisse s'étendre sur aucune Paroisse qui ne seroit pas du même District.

SIXIÈME SECTION.

EXCEPTIONS.

42. Lettres-de-Change. Livres des Marchands. Mémoires. Passeports. Extraits de Registres.

Les lettres-de-change tirées de place en place, & leurs endossements; Les extraits des livres des marchands concernant leur commerce, & les mémoires d'avances & frais des officiers de justice, lorsqu'ils ne contiendront point d'obligation; Les passe-ports délivrés par les officiers publics; Et les extraits des registres des naissances, mariages & sépultures, Sont exceptés de cet article........ C'est l'article XI, concernant les actes privés..... Voyez le troisième Chapitre, page 6.

45. **46.** Actes des Corps Municipaux & Administratifs.

Tous les procès-verbaux, délibérations, & autres actes faits & ordonnés par les Corps Municipaux & Administratifs, qui seront passés à leurs Greffes & Secrétariats, & qui tiendront directement & immédiatement à l'exercice de l'administration intérieure & police, seront exempts de la formalité & des droits d'enregistrement.

A l'égard de tous les actes ci-devant assujettis aux droits de contrôle, & qui pourront être passés par lesdits Corps Municipaux & Administratifs, notamment les marchés & adjudications d'entreprises & les baux de biens communaux & nationaux, ils seront sujets aux droits d'enregistrement dans le délai d'un mois.

65. Point d'effet rétroactif.

La perception des droits d'enregistrement réglés par le présent Décret & par le tarif annexé, n'aura aucun effet rétroactif.

Numéros du Décret.

66. Actes antérieurs dans les pays sujets au Contrôle.

Tous les actes publics dans les pays ci-devant assujettis aux droits de contrôle, insinuation & accessoires, qui, à l'époque de l'exécution de ce Décret, n'auront pas subi toutes leurs formalités, ne pourront être assujettis à plus grands droits que ceux fixés par les anciens tarifs, pourvu qu'ils soient présentés à l'enregistrement dans les délais qui étoient prescrits; mais les actes & déclarations dont la perception seroit plus avantageuse aux parties contractantes sur le pied fixé par le présent Décret, jouiront du bénéfice de ses dispositions, à compter du jour qu'il sera exécuté.

67. Actes antérieurs sous Seing-privé.

Les actes sous signatures privées de date antérieure à l'époque fixée pour l'exécution du présent Décret, ne seront assujettis au droit d'Enregistrement qu'autant qu'ils l'étoient à ceux d'insinuation & centième denier, ou dans les cas où il sera formé quelque demande en Justice ou passé quelque acte authentique en conséquence, & seulement au simple droit.

68. Actes antérieurs en pays non soumis au Contrôle.

Enfin, à l'égard des actes en forme authentique passés avant l'époque de l'exécution du présent Décret dans les pays du Royaume qui n'étoient pas soumis au contrôle, ils auront leur exécution sans être assujettis à la formalité de l'enregistrement.

Et quant aux actes sous signature privée, passés dans les mêmes pays, avant cette époque, ils seront enregistrés lorsqu'il sera formé quelque demande ou passé quelqu'acte public en conséquence, sans qu'on puisse exiger de double droit.

CHAPITRE III.

Concernant les Actes sous Seings-privés.

38. Actes privés, sur lesquels il sera formé des demandes.

Les actes sous signatures privées, même les billets à ordre, en conséquence desquels il sera formé quelques demandes principales, incidentes ou en reconvention, seront enregistrés au Bureau du domicile du Demandeur, ou à celui établi près la Jurisdiction où il formera sa demande, avant d'être signifiés ou produits en Justice; toute poursuite & signification faite au préjudice de cette disposition, sera nulle; les Juges n'y auront aucun égard, & ne pourront rendre aucun Jugement avant que ces actes ayent été enregistrés.

<table>
<tr><td>Numéro du Décret.</td><td></td><td></td></tr>
</table>

39. Ceux contenant mutation d'Immeubles.

Tout acte privé qui contiendra mutation d'immeubles réels ou fictifs, sera sujet à la formalité dans les six mois qui suivront le jour de sa date, passé lequel délai, si un acte de cette nature est produit en Justice, ou énoncé dans un acte authentique, il sera assujetti au paiement du double droit.

40. Inventaires, Traité de Mariage, & Actes transmissifs d'Immeubles.

Les inventaires, à l'exception de ceux de commerce entre Associés, les traités de mariage, les actes portant transmission de propriété ou d'usufruit de biens immeubles, lorsqu'ils seront passés sous signature privée, ne pourront recevoir la formalité après le délai de six mois expiré, qu'en payant pareillement deux fois la somme des droits.

41. Dépôt d'Actes privés.

Aucun Notaire ou Greffiers ne pourra recevoir le dépôt d'un acte privé, à l'exception des testamens, ni en délivrer extrait ou copie collationnée, ni passer aucun acte où contrat en conséquence, sans que l'acte sous signature privée ou le testament ayent été préalablement enregistrés.

CHAPITRE IV.

Dispositions concernant particulièrement,

PREMIÈRE SECTION.

Dispositions concernant les redevables du Droit d'Enregistrement.

Nota. Il n'est pas question ici du montant des Droits à payer, mais des formes à remplir par les Redevables, & de ce qui y est relatif.

Déclarations à faire par les Redevables.

6. Le titre de toute propriété ou usufruit de biens immeubles réels ou fictifs, doit être enregistré.

7. Déclarations à défaut d'Actes.

A défaut d'actes en forme, ou fignature privée, contenant tranflation de nouvelle propriété, il fera fait enregiftrement de la déclaration que les Propriétaires & les Ufufruitiers feront tenus de fournir, de la confiftance & de la valeur de ces immeubles, foit qu'ils les ayent recueillis par fucceffion ou autrement, en vertu des Lois & coutumes, ou par l'échéance des conditions attachées aux difpofitions éventuelles.

20. A l'égard des Actes portant tranfmiffion de propriété ou d'ufufruit à titre gratuit, des partages de biens-meubles, échanges, & autres titres qui ne comporteront pas de prix, le Droit d'Enregiftrement fera réglé.

Pour les propriétés mobiliaires, & les Immeubles fictifs, d'après la déclaration eftimative des parties. . . . .
. . . .
Et pour les immeubles réels, d'après la déclaration que les parties feront pareillement tenues de faire de ce que ces immeubles payent de contribution foncière, & dans le rapport du principal au denier 25 du revenu defdits biens.

21. Fixation provifoire à défaut d'eftimation.

Faute de déclaration du prix ou de l'eftimation de tous les objets défignés, le droit d'Enregiftrement fera perçu fur les différentes fections de la première claffe auxquelles les actes & contrats feront applicables fur une évaluation provifoire de 15,000 liv.

22. Fixation définitive.

Les contractans auront pendant une année, à compter du jour de l'enregiftrement, la faculté de faire leur déclaration de la vraie valeur des objets qu'ils auront omis d'eftimer; le droit fera réduit dans la proportion de cette évaluation, & l'excédent fera reftitué, fans que les Contractans puiffent être difpenfés de faire l'eftimation des objets défignés dont la valeur pourroit donner lieu à un droit qui furpafferoit la fixation provifoire ci-deffus établie,

23. Cas de déclaration fautive.

Dans le cas où une déclaration ne comprendroit pas tous les objets fur lefquels elle doit s'étendre, ou la véritable valeur, ou la quotité réelle de l'impofition territoriale fur tous les objets défignés, conformément à l'article précédent, il fera payé deux fois la fomme du droit fur la valeur des objets omis.

Dans

<table>
<tr><td>Numéros du Décret.</td><td></td><td></td></tr>
</table>

138. Déclaration de la cote d'habitation.

Dans tous les cas exprimés, aux 5 premiers articles de la deuxième claffe du tarif (1) il fera fait déclaration du montant de la cote d'habitation dans la contribution perfonnelle des contractans, ou des perfonnes dont l'impofition devra fervir à fixer les droits d'après les rôles qui auront immédiatement précédé la date des actes entre-vifs, & la préfentation au bureau des actes de dernière volonté, à l'effet d'établir la perception conformément au préfent tarif; faute de cette déclaration, il fera perçu provifoiremeut une fomme de 100 liv. ; mais les parties auront alors la faculté de juftifier de la fomme de ladite contribution pendant une année, à compter du jour de l'enregiftrement. Les droits feront réduits en conféquence, & l'excédent fera reftitué fans que l'on puiffe être difpenfé de payer le fupplément qui feroit demandé par le Prépofé en vertu defdits rôles, dans le cas où il en réfulteroit un droit qui furpafferoit la perception provifoire ci-deffus établie.

43. Délais pour les Déclarations & peines.

Les déclarations des héritiers, légataires & donataires éventuels des biens immeubles, réels ou fictifs, prefcrites par la quatrième fection de l'article II du Décret, (voyez ci-deffus n°. 7) feront faites au plus tard dans les fix mois qui fuivront le jour de l'évènement de la mutation par décès ou autrement; &, ce délai paffé, les contribuables feront contraints à payer les droits, plus la moitié de la fomme en quoi ils confiftent.

44. Lieu des déclarations.

Ces déclarations feront enregiftrées; fçavoir pour les immeubles réels au bureau dans l'arrondiffement duquel les biens feront fitués....
Et pour les immeubles fictifs au bureau établi près le domicile du dernier poffeffeur.

---

(1) Ces cas font:

Les Teftamens & Actes de dernière volonté, contenant: { Inftitution d'Héritier. { Legs univerfels.

Les Donations éventuelles d'objets indéterminés.

Les rappels à Succeffion.

Promeffes de garder Succeffion.

Inftitutions contractuelles.

Et autres difpofitions de biens à venir contenues dans les Actes entre-vifs.

Les fubftitutions.

Les exhérédations.

Les Contrats de Mariage dont le droit n'auroit pu être réglé fur le montant des conftitutions dotales.

B

Défaut d'Enregistrement des Actes de Notaires.

28. Peine..........

À défaut d'enregistrement dans les délais fixés par l'article 8 du Décret, un acte passé devant Notaire, ne pourra valoir que comme un acte sous signature privée.

28. Responsabilité du Notaire.

Le Notaire sera responsable envers les parties, des dommages qui pourront résulter de l'omission ; il sera contraint, sur la demande du Préposé à payer deux fois le montant des droits, dont l'une sera à sa charge, l'autre à celle des contractans.

29. Fixité de la date & de l'hypothèque.

Cependant l'acte ayant reçu la formalité omise, acquerra la fixité de la date & l'hypothèque à compter du jour de l'enregistrement ;

29. Droit de requérir l'Enregistrement.

Et en cas de retard du Notaire à le faire enregistrer sur la demande qui lui en aura été faite, les parties pourront elles-mêmes requérir cet enregistrement, en acquittant une fois le droit, sauf leur recours contre le Notaire à qui elles l'auroient déja payé.

Défaut d'Enregistrement des Actes des Huissiers.

30. Peine de nullité....

À l'égard des actes des Huissiers, ils seront nuls à défaut de la formalité ; les Juges n'y auront aucun égard.

30. Responsabilité des Huissiers.

Les Huissiers seront responsables envers les Parties, des suites de cette nullité.

Défaut d'Enregistrement des Actes Judiciaires, &c.

31. Délais..........

Les actes judiciaires, sentences arbitrales, transactions des bureaux de paix, & jugemens des Juges de Paix, seront enregistrés sur les minutes & dans le délai d'un mois, au bureau établi près la juridiction du Greffier lorsqu'ils contiendront transmission de biens immeubles réels ou fictifs.

33. Peine du double Droit après six mois.

Lorsque les Greffiers n'auront pas reçu des parties la somme des droits, ils seront tenus de remettre aux Préposés, dans le délai du mois, un extrait certifié des actes mentionnés en la première section de cet article ; & sur cet extrait, après six mois du jour de la date de l'acte, les Parties seront contraintes à payer deux fois le montant des droits.

37. Époques de l'hypothèque.

Les actes enregistrés dans le délai prescrit auront hypothèque du jour de leur date, & seulement du jour de l'enregistrement lorsqu'ils ne seront enregistrés qu'après les délais.

Actes sous Signatures privées.

Voyez Page 6.

Prescription respective entre le Fisc & les redevables.

60.	Demandes en supplément, ou restitution.	Toute demande & action tendante à un supplément de droits sur un acte ou contrat, sera prescrite après le délai d'une année, à compter du jour de l'enregistrement ; les Parties auront le même délai pour se pourvoir en restitution.

60. *Demandes en supplément, ou restitution.*

Toute demande & action tendante à un supplément de droits sur un acte ou contrat, sera prescrite après le délai d'une année, à compter du jour de l'enregistrement ; les Parties auront le même délai pour se pourvoir en restitution.

61. *Omission ou insuffisance d'évaluation.*

Toute contravention par omission ou insuffisance d'évaluation dans les déclarations des héritiers, légataires, & donataires éventuels, sera pareillement prescrite après le laps de trois années.

62. *Demandes de Droits.*

Enfin toute demande de droits résultans des successions directes ou collatérales, pour raison de biens, meubles ou immeubles, réels ou fictifs échus en propriété ou en usufruit par testaments, dons éventuels ou autrement, sera prescrite après le laps de cinq années à compter du jour de l'ouverture des droits.

INSTANCES.

69. *Concernant les Droits d'Enregistrement.*

L'introduction & l'instruction des instances relatives à la perception des droits d'enregistrement auront lieu par simples requêtes ou mémoires respectivement communiqués, sans aucuns frais autres que ceux du papier timbré & des significations des jugemens interlocutoires & définitifs, & sans qu'il soit nécessaire d'y employer le ministère d'aucuns Avocats ou Procureurs, dont les écritures n'entreront point en taxe.

70. *Concernant le Droit de Contrôle.*

A l'égard des instances ci-devant engagées, relativement à la perception des droits du contrôle des actes & autres droits y joints, elles seront éteintes & comme non avenues, à compter du jour de l'exécution du présent Décret ; mais les Parties pourront se pourvoir de nouveau, tant à charge qu'à décharge, sous les formes & dans les délais prescrits par les articles précédens.

B 2

DEUXIÈME SECTION.

Dispositions concernant les Notaires.

SCEAU DES ACTES.

1. A compter du premier Février 1791, le sceau des Actes des Notaires est aboli.

ENREGISTREMENT.

3. Les Actes des Notaires & les Exploits des Huissiers sont assujettis, dans toute l'étendue du Royaume, à un enregistrement, pour assurer leur existence, & constater leur date.

Délais pour la présentation.

15. Tout Acte de Notaire sera présenté à l'enregistrement......................

10 jours....... { Dans les dix jours qui suivront celui de la date, lorsque le Notaire résidera dans le même lieu où le bureau sera établi.................

20 jours....... { Et dans les 20 jours lorsqu'il résidera hors le lieu de l'établissement du bureau...

3 mois....... { A l'exception des testaments qui seront présentés trois mois au plus tard après le décès des testateurs.

Mentions de l'Enregistrement.   Peines.

26. Il sera fait mention de la formalité dans les expéditions, par la transcription littérale de la quittance du Receveur.................................

Si le Notaire délivre un Acte, soit en brevet soit par expédition, avant qu'il ait été enregistré il sera tenu de la restitution des droits, ainsi qu'elle est prescrite par l'article 9 du Décret. *Voyez ci-*après, Nos. 28 & 29.

Il sera interdit s'il y a récidive.

Et dans le cas de fausse mention d'enregistrement, il sera condamné aux peines prononcées pour le faux matériel.

Défaut d'Enregistrement, & peines.

28. A défaut d'enregistrement dans les délais fixés par l'article 8, *Voyez* N°. 25, Page 12.

Un Acte passé devant Notaire ne pourra valoir que comme un Acte sous signature privée. *Voyez* N°. 29, ci-dessous.

Le Notaire sera responsable envers les Parties des dommages qui pourront résulter de l'omission...

Il sera contraint, sur la demande du Préposé, à payer deux fois le montant des droits, dont l'une sera à sa charge, l'autre à celle des contractans...

29. Cependant, l'Acte ayant reçu la formalité omise, acquérera la fixité de la date & l'hypothèque, à compter du jour de l'enregistrement.

Et en cas de retard du Notaire à le faire enregistrer, sur la demande qui lui en aura été faite, les parties pourront elles-mêmes requérir cet enregistrement, en acquittant une fois le droit, sauf leurs recours contre le Notaire à qui elles l'auroient déjà payé, & sauf au Préposé à poursuivre le Notaire pour ce second droit résultant de sa contravention.

Actes sous Signature privée.

41. Aucun Notaire ou Greffier ne pourra recevoir le dépôt d'un Acte privé; à l'exception des Testamens, ni en délivrer extrait ou copie collationnée, ni passer aucun Acte ou Contrat en conséquence, sans que l'Acte sous signature privée ou le Testament ayent été préalablement enregistrés.

RÉPERTOIRES.

47. Les Notaires seront tenus, à peine d'une somme de cinquante livres, pour chaque omission, d'inscrire, jour par jour, sur leurs répertoires, les Actes & Contrats qu'ils recevront, même ceux qui seront délivrés en Brevets.

48. Testamens......

Les testaments ou actes de dépôt, lorsqu'ils sont faits devant Notaires, & les actes de dépôts des testaments faits sous signature privée, seront aussi inscrits sur les répertoires, sans autre indication que celle de la date de l'acte & du nom du testateur, & sans que le Préposé puisse prendre communication de ces actes ni aucunes notes qui y soient relatives avant le décès des testateurs.

Recherches. *Communication des Répertoires & Actes.*

Numéros du Décret.		
51.	Recherches. Visites.	{ Au moyen de ces dispositions (concernant les répertoires), les Prépos ne pourront faire aucune visite domiciliaire ou recherche générale da les dépôts des officiers publics. . . . .
51.	Communication des Répertoires.	{ Qui ne feront tenus que de leur exhiber leurs répertoires à toute réquisitions. . . . .
51.	Communication des Actes d'une année.	{ Et de leur communiquer seulement les actes passés dans l'année antérieur à compter du jour où cette communication fera demandée.
52.	Communication des Actes plus anciens.	{ A l'égard des actes plus anciens, les Prépofés ne pourront en requér la lecture, qu'en indiquant leur date & les noms des Parties contractante & fur ordonnance de Juge. . . . .
52.	Expéditions demandées par les Prépofés.	{ Et s'ils en demandent des expéditions, elles leur feront délivrées e payant deux fols fix deniers par chaque extrait ou rôle d'expédition outre les frais du papier timbré.
53.	Copies des Actes en Brevets.	{ Les Prépofés ne pourront fous aucun prétexte, pas même en cas c contravention, différer l'enregistrement des actes dont les droits leur auror été payés conformément à l'art. 16, (*voyez* les numéros 57, 58, page 15 ils ne pourront fufpendre ou arrêter le cours des procédures en retenan aucuns actes ou exploits; mais si un acte dont il n'y a pas de minut ou un exploit, contenoit des renfeignemens, dont la trace pût être util le Prépofé auroit la faculté d'en tirer une copie & de la faire certifie conforme à l'original par l'officier qui l'auroit préfentée, & fur le ref de l'officier il s'en procurera la collation en forme, à fes frais, faut répétition en cas de droit, le tout dans les vingt-quatre heures de l préfentation de l'acte au bureau.

Incompatibilité des fonctions de Notaires & de Prépofés.

54. Aucun Notaire, Procureur, Greffier ou Huiffier, ne pourra, à l'avenir, être pourvu d ces emplois (de Prépofés à la perception des Droits.)

Paiement provisoire des Droits réglés par le Décret.

57. Les Notaires, les Greffiers, les Huiffiers & les Parties, feront tenus de payer les droits dans tous les cas, ainfi qu'ils font réglés par le préfent Décret, & le Tarif annexé.

58. Ils ne pourront en atténuer ni différer le paiement fous le prétexte de conteftation fur la quotité, ni pour quelque caufe que ce foit, fauf à fe pourvoir en reftitution, s'il y a lieu, pardevant les Juges compétens.

TROISIÈME SECTION.

Dipofitions concernant les Greffiers.

4. Les Actes Judiciaires feront foumis à la formalité de l'Enregiftrement, foit fur la minute, foit fur l'expédition, ainfi qu'il fera expliqué ci-après.

Enregiftrement fur les Minutes.
31. Les actes judiciaires, fentences arbitrales, tranfactions des Bureaux de Paix, & jugemens des Juges de Paix, feront enregiftrés fur les minutes, & dans le délai d'un mois, au Bureau établi près la Jurifdiction du Greffier, lorfqu'ils contiendront tranfmiffion de biens immeubles réels ou fictifs.

Il ne peut être délivré d'expédition qu'après l'Enregif-trement.
32. Les Greffiers qui n'auroient pas reçu des Parties les fommes néceffaires pour fatisfaire aux droits d'enregiftrement, ne feront point tenus d'en faire l'avance ; mais ils ne pourront délivrer aucune expédition defdits actes avant qu'ils ayent été enregiftrés, fous peine d'être contraints à payer de leurs deniers deux fois le montant des droits.

Extraits à fournir aux Prépofés.
33. Lorfque les Greffiers n'auront pas reçu des Parties la fomme des droits, ils feront tenus de remettre aux Prépofés, dans le délai du mois, un extrait certifié des actes mentionnés en la première fection de cet article, & fur cet extrait, après fix mois du jour de la date de l'acte, les Parties feront contraintes à payer pareillement deux fois le montant des droits.

Enregiftrement fur les Expéditions.
34. Dans tous les autres cas, les feules expéditions des actes judiciaires feront foumifes à la formalité avant qu'elles puiffent être délivrées, fous la même peine du doublement des droits.

Mention fur les Expéditions.
35. Lorfqu'un acte judiciaire aura été enregiftré fur la minute, il en fera fait mention fur les expéditions qui ne feront fujettes à aucuns nouveaux droits.

56. Actes dont toutes les Expéditions doivent être enregiftrées.
{ A l'égard des actes dont l'enregiftrement n'eft pas prefcrit fur la minute chaque expédition recevra la formalité ; mais fi l'acte eft applicable la première claffe, le droit proportionnel ne fera perçu que fur la premier expédition, & pour les autres à raifon de ce qui eft fixé pour les acte de la quatrième fection de la troifième claffe. }

37. Hypothèque........
{ Les actes enregiftrés dans le délai prefcrit, auront hypothèque du jour de leur date, & feulement du jour de l'enregiftrement, lorfqu'il ne feront enregiftrés qu'après les délais. }

41. Actes privés........
{ Aucun Notaire ou Greffier ne pourra recevoir le dépôt d'un acte privé, à l'exception des teftamens, ni en délivrer extrait ou copie colla tionnée, ni paffer aucun acte ou contrat en conféquence, fans que l'acte fous fignature privée ou le teftament ayent été préalablement enregiftrés }

49. Répertoires........
{ Les Greffiers tiendront fous les mêmes obligations que les Notaires des répertoires de tous les actes volontaires dans les lieux où ils font dans l'ufage d'en recevoir, & de ceux dont il réfultera tranfmiffion de propriété ou de jouiffance de biens immeubles. }

QUATRIÈME SECTION,

Difpofitions concernant les Huiffiers.

3. Les Actes des Notaires, & les Exploits des Huiffiers, feront affujettis, dans toute l'étendue du Royaume, à un Enregiftrement, pour affurer leur *exiftence* & *conftater* leur date.

Délai

27. Délais...........{ Les exploits & actes des Huissiers feront enregistrés dans les quatre jours qui fuivront celui de leur date, soit au Bureau de leur résidence, soit au Bureau du lieu où les actes auront été faits.

Défaut d'Enregistrement.

30. Nullité..........{ A l'égard des actes des Huissiers il feront nuls à défaut de la formalité ; les Juges n'y auront aucun égard ;

30. Responfabilité.....{ Les Huissiers feront responfables envers les Parties des fuites de cette nullité ;

30. Peines...........{ Ils feront, en outre, contraints à payer de leurs deniers une fomme de 10 liv. pour chaque exploit qu'ils auroient omis de faire enregistrer, & foumis aux mêmes peines que les Notaires en cas de fausse mention d'enregistrement.

50. Répertoires.......{ Les Huissiers tiendront des répertoires de tous les actes & exploits, fous peine d'une fomme de 10 liv. pour chaque omission.

51. Recherches & vifites domiciliaires.............}
51. Communication des Répertoires.................}
54. Incompatibilité avec les emplois de Prépofés.......} *Voyez* la Section deuxième, concernant
57.} Paiemens provifoires des Droits.................} les Notaires, Pages 14 & 15.
58.}

CINQUIÈME SECTION,

Difpofitions concernant les Juges.

SUR L'HYPOTHÈQUE.

28.

Actes
devant Notaires.
29.

{ A défaut d'enregistrement dans les délais fixés, un acte pafsé devant Notaires ne pourra valoir que comme un acte fous fignature privée...

{ Cependant l'acte ayant reçu la formalité omife, acquerra la fixité de la date & l'hypothèque, à compter du jour de l'enregistrement.

37. Actes Judiciaires...{ Les actes (judiciaires) enregistrés dans le délai prefcrit auront hypothèque du jour de leur date, & feulement du jour de l'enregistrement, lorfqu'ils ne feront enregistrés qu'après les délais.

C

ACTES DES HUISSIERS.

30. A l'égard des Actes d'Huissiers, ils seront nuls à défaut de la formalité ; les Juges n'y auront aucun égard.

ACTES SOUS SIGNATURE PRIVÉE.

38. Les Actes sous signatures privées, même les Billets à ordre, en conséquence desqu il sera formé quelques demandes principales, incidentes ou en reconvention ; sero enregistrés au Bureau du domicile du demandeur, ou à celui établi près la Jurisdicti où il formera sa demande, avant d'être signifiés ou produits en Justice ; toute poursu & signification faite au préjudice de cette disposition, sera nulle ; les Juges n'y auro aucun égard, & ne pourront rendre aucun jugement avant que ces Actes ayent é enregistrés.

INCOMPATIBILITÉ.

55. Aucun Juge ni Commissaire du Roi ne pourra être préposé à l'exercice des Dro d'Enregistrement.

SIXIÈME SECTION.

Dispositions concernant les Préposés.

24. Forme de l'Enregistrement.

L'enregistrement prescrit par le présent Décret se fera en rappelant le registre à ce destiné, par extrait & dans un même contexte, tou les dispositions que l'acte contiendra ; la somme du droit sera régl suivant les différentes classes & sections du tarif auxquelles se rapporterc les dispositions qui ne dériveront pas nécessairement les unes des autr

53. Bureaux . . . .

Il sera établi des Bureaux pour l'enregistrement des actes & déclaration & pour la perception des droits qui en résulteront, dans toutes les vil où il y a Chef-lieu d'Administration ou Tribunal de District , & en outr dans les cantons où ils seront jugés nécessaires , sur l'avis des Districts Départemens , sans que l'arrondissement d'aucun de ces Bureaux pui s'étendre sur aucune Paroisse qui ne seroit pas du même District.

54.
55. Incompatibilité . . . .

Aucun Notaire , Procureur, Greffier ou Huissier ne pourra à l'aver être pourvu de ces emplois.

Aucun Juge , ni Commissaire du Roi ne pourra être préposé à l'exerci des mêmes droits.

Numéros du Décret.

56. Serment.........
> Les Receveurs & autres Employés, feront tenus de prêter ferment au Tribunal du Diſtrict dans le reſſort duquel le Bureau ſera placé. Cette preſtation aura lieu ſans autres frais que ceux du timbre de l'expédition qui en ſera délivrée.

59. Obligation d'enregiſtrer.
> Les Prépoſés ne pourront, ſous aucun prétexte, pas même en cas de contravention, différer l'enregiſtrement des actes dont les droits leur auront été payés conformément à l'article 16 ; ils ne pourront ſuſpendre ou arrêter le cours des procédures en retenant aucuns actes ou exploits.

59. Faculté de tirer copie.
> Mais ſi un acte dont il n'y a pas de minute ou un exploit contenoit des renſeignemens dont la trace pût être utile, le Prépoſé auroit la faculté d'en tirer une copie & de la faire certifier conforme à l'original par l'Officier qui l'auroit préſentée ; & ſur le refus de l'Officier, il s'en procurera la collation en forme, à ſes frais, ſauf répétition en cas de droit, le tout dans les 24 heures de la préſentation de l'acte au Bureau.

63. Perception des Amendes, Aumônes, & autres peines pécuniaires.
> Les Prépoſés à la perception des droits ſur les actes feront, comme par le paſſé, la recette des amendes d'appel, ainſi que de celles qui ont lieu, ou qui pourront être réglées dans les cas de caſſation, déclinatoires, réintégrande, évocation, inſcription de faux, tierce-oppoſition, récuſation de Juges & requête civile. Ils feront également chargés du recouvrement des amendes, aumônes & de toutes autres peines pécuniaires prononcées par forme de condamnation pour crimes & délits, faits de police, contraventions aux règlemens des manufactures & autres, à la charge de rendre aux parties intéreſſées la part les concernant, ſans aucuns frais.

64. Communication des Rôles.
> Les Collecteurs des contributions directes, perſonnelles ou foncières, & tous dépoſitaires des rôles deſdites contributions, feront tenus de donner communication de ces rôles, aux prépoſés à la perception des droits d'enregiſtrement.

C 2

CHAPITRE V.

TABLEAU alphabétique du *TARIF*, en ce qui concerne les *Actes des Notaires*, assujettis à des *Droits progressifs*, en raison des valeurs & de la nature des *Actes*, & formant la première *Classe*.

_____

Nota. Pour tous les Actes de cette première Classe, dont les sommes & valeurs n'excèderont pas cinquante livres, il ne sera perçu que la moitié du droit fixé pour cent livres dans chaque Division, N°. 124, au Tarif.

Numéros du Décret.			Droits par chaque 100 liv.
79.	Abandonnemens...	Faits en conséquence des Contrats d'Assurance. *Voyez* Assurances...	......5 f.
94.	Actes & Contrats..	Contenant obligations............*Voyez* arrêtés de Compte.	
128. 129.	Actes de dernière volonté........	*Voyez* deuxième Classe , Page 32.	
74.	Actes de libération.	Qui expriment des valeurs	
74.	Actes de remboursement.	de Rentes............. *Voyez* Billets à ordre...........	
76.	Adjudications de Bois Nationaux.	Les Ventes & Adjudications de coupes de Bois Nationaux, Taillis ou Futaies, à raison de ce qui en forme le prix...... ......5 f.	
75.	Adjudications d'ouvrages & fournitures.	Les Marchés & Adjudications pour constructions, réparations, entretiens, approvisionnements & fournitures, dont le prix doit être payé des deniers du Trésor Public, ou par les Départements, Districts & Municipalités.................... ....5 f.	
100.	Adjudications de Meubles, Coupes de Bois.	Les Actes & Procès-verbaux contenant vente , cession ou adjudication de biens meubles, coupes de bois taillis & futaies, autres que celles mentionnées en la première Section, & de tous autres objets mobiliers, soit que ces ventes soient faites à l'enchère, par autorité de Justice ou autrement, à raison de tout ce qui en formera le prix........................... 1 l. »	

Numéros du Décret.

115. Adjudications d'Immeubles réels ou fictifs. — Les ventes, adjudications, ceffions, rétroceffions, les licitations portant adjudication à d'autres que les copropriétaires de biens immeubles réels ou fictifs, les déclarations de command, d'ami, ou autres de même nature, faites après les fix mois du jour des acquifitions, les engagemens & contrats pignoratifs au-deffus de douze années, les baux à rente & ceux au-deffus de trente ans, ou à vie fur plus d'une tête.... 2 l. »

94. Arrêtés de compte contenant obligation — Les contrats, tranfactions, fentences arbitrales, promeffes de payer, arrêtés de comptes & autres actes qui contiendront obligation de fommes déterminées fans libéralité, & fans que l'obligation foit le prix de la tranfmiffion d'aucuns effets, meubles ou immeubles.................................15 f.

79. Affurances........ — Les contrats d'affurances, à raifon de la valeur de la prime; & les abandonnemens faits en conféquence fur le pied de la valeur des objets abandonnés; mais en temps de guerre les droits feront réduits à moitié....................................5 f.

77. Attermoiemens avec remife.......... — Les attermoiemens entre un débiteur & fes créanciers, lorfqu'ils lui feront la remife d'une partie aliquote du principal de leurs créances, à raifon du montant des fommes que le débiteur s'oblige de payer............................5 f.

90. Attermoiemens fans remife.......... — Les attermoiemens entre un débiteur & fes créanciers fans remife fur les capitaux.................................10 f.

Avantages........ — Entre mari & femme, *voyez* page 47.

74. Baux de nourriture.. — Des enfans mineurs à raifon du prix d'une année................5 f.

80. A chetel......... — Les reconnoiffances & les baux à chetel de beftiaux, d'après l'évaluation qui fe trouvera dans l'acte, ou à défaut, d'après l'eftimation qui fera faite du prix des beftiaux...............5 f.

81. De pâturages...... — Les baux de pâturages, non excédant douze années, à raifon du prix d'une année de location................5 f.

114. De pâturages...... — Excédant douze années jufqu'à trente incluſivement........ 1 l. 10 f.

95. A ferme ou loyer.. — D'une feule année à raifon de ce qui en forme le prix............15 f.

113. A ferme ou loyer... — Au-deffus d'une année jufqu'à douze incluſivement, & les fous-baux, les fubrogations, ceffions & rétroceffions defdits baux, à raifon du prix d'une année de location............ 1 l. 10 f.

Numéros du Décret.			Droit par chaque 100 liv.
121.	A ferme ou loyer..	Au-deſſus de douze années juſqu'à trente incluſivement...	3 l. »
122.	Sous-Baux.........	Les mêmes droits ſeront payés pour les ſous-baux, ſubrogation, & rétroceſſion deſdits baux, s'ils doivent durer encore plus de douze années.	2 l. »
115.	Baux à rente......	Voyez Page 21, Adjudications........................	2 l. »
115.	Au-deſſus de 30 ans.	Voyez Idem.......................................	2 l. »
115.	A vie..........	Sur plus d'une tête, Voyez Idem...................	2 l. »
107.	A vie..........	Sur une tête...............................	1 l. ».
74.	Billets à ordre.....	Les billets à ordre, les baux de nourriture des enfans mineurs, à raiſon du prix d'une année, les quittances, les actes de rembourſement de rentes, & tous autres actes de libération qui expriment des valeurs, & les retraits de réméré qui ſont exercés dans le délai ſtipulé, lorſqu'ils n'excèdent pas le terme de douze années, à compter du jour de la date du contrat d'aliénation.........5 ſ.	
72.	Cautionnemens en Juſtice..........	Les cautionnemens faits & reçus en Juſtice pour des ſommes déterminées, dans quelques Tribunaux que ce ſoit.........5 ſ.	
73.	Cautionnemens....	Les cautionnemens des Tréſoriers, Receveurs & Commis, pour ſûreté des deniers qui leur ſont confiés.............5 ſ.	
89.	Cautionnemens....	Les cautionnemens & indemnités de ſommes & valeurs déterminées, non compris en la ſection première,...........10 ſ.	
91.	Ceſſions gratuites...	Voyez Donations.	
100.	Ceſſions de Meubles.	Voyez Adjudications.	

CESSIONS D'IMMEUBLES.

101.	entre Copropriétaires.	Les actes, contrats & tranſactions, paſſés devant les Officiers publics qui contiendront, entre Copropriétaires, partage, licitation, ceſſion & tranſport de biens immeubles, réels ou fictifs, à raiſon du prix de ce qui ſera tranſporté aux ceſſionnaires...................................	1 l. »
101.	En directe, hors Contrat de Mariage.	Les ventes, ceſſions, donations, démiſſions & tranſmiſſions de propriété de biens immeubles, réels ou fictifs, & les donations de ſommes & objets mobiliers qui auront lieu par des actes entre-vifs en ligne directe, autrement que par contrats de mariage....................................	1 l. »

115. Autres Ceſſions.... *Voyez* Adjudications.

CESSIONS D'USUFRUIT.

91. A titre gratuit...... *Voyez* Donations.

107. A titre onéreux.... { A l'égard des ventes & ceſſions, à titre onéreux, des mêmes uſufruits (1) & des baux à vie, les droits en feront payés, favoir, pour les ventes & ceſſions, à raiſon du prix ſtipulé, & pour les baux à vie, à raiſon du capital au denier dix de la redevance, & fuivant la fixième ſection ci-après.......

128.
129. } Codiciles. .... *Voyez* deuxième claſſe, page 31. *Voyez* ci-après legs.

94. Comptes........... *Voyez* arrêtés de compte.

99. Conftitutions...... De rentes perpétuelles & viagères.................... 1 l. »

86. {
Contrats de Mariage
devant Notaire
& avant
la célébration.
} { Les contrats de mariage qui feront paſſés devant Notaires, & avant la célébration, quelques conventions que ces actes puiſſent contenir entre les futurs époux & leurs pères & mères à raiſon de toutes les ſommes, biens & objets qui y feront déſignés, comme appartenant aux conjoints ou leur étant donnés, cédés ou conftitués en ligne directe......................10 f.

A l'égard des ceſſions & donations qui leur feront faites par des parens collatéraux ou par des étrangers, les droits en feront perçus fur le pied de la quatrième ſection ſi les objets en ſont préſents & déſignés............................ 1 l. »

Et fuivant la deuxième claſſe, s'il s'agit de biens à venir....

87. .... { Le droit d'enregiftrement de ces contrats, ne pourra être moindre au total de 30 fols, & dans tous les cas il pourra être réglé fur le pied, foit de la première claſſe, foit de la deuxième claſſe.... *Voyez* la deuxième claſſe, page 32.

(1) *Voyez* au texte, N°. 105, Page 10.

92.	Contrats de Mariage fous fignature privée, ou paffés devant Notaires après la Célébration.	Les traités de mariage paffés fous fignatures privées , qui feront préfentés à l'enregiftrement dans le délai de fix mois après leur date , & ceux qui feront paffés devant Notaires après la célébration , dans les Pays où ils font autorifés par les Ufages , Lois & Coutumes , à raifon des fommes, biens & objets , qui feront énoncés comme appartenans aux conjoints , ou qui leur feront conftitués en ligne directe , fans préjudice des droits exprimés dans la Section précédente fur les ceffions & donations qui leur feroient faites autrement qu'en ligne directe.. 15 f.
104.	Contrats pignoratifs.	Les engagemens conventionnels ou judiciaires , & contrats pignoratifs , ftipulés jufqu'à douze années inclufivement , en proportion du montant des créances. 1 l. »
115.	Contrats pignoratifs.	Au-deffus de douze ans.............................. 2 l. »
123. 124. 125.	Contre-Lettres	A l'égard des contre-lettres qui feront paffées , foit fur des baux , foit fur d'autres actes & contrats , les droits en feront perçus à raifon des effets qui en réfulteront; favoir : Sur le pied de la quatrième fection des actes fimples , lorfqu'il s'agira feulement de réduire ou de modifier les conventions ftipulées par des actes antérieurs qui auront été enregiftrés ; Et à raifon du triple des droits fixés par le préfent tarif , fur toutes les fommes & valeurs que la contre-lettre ajoutera aux conventions antérieurement arrêtées par des actes en forme.
96.	Conventions de libéralité..........	Voyez Donations.
	Déclarations.......	A faire pour les biens recueillis. Voyez page 45.
115.	Déclarations.......	... De command , d'ami ou autres de même nature , faites après les fix mois du jour des acquifitions................ 2 l. »
105.	Déguerpiffemens...	Les contrats & jugemens portant délaiffement, déguerpiffement , renvoi & rentrée en poffeffion de biens immobiliers , faute de paiement de la rente ou d'exécution des claufes du premier contrat , ou en vertu des retraits conventionnels ; mais dans le cas où le contrat antérieur auroit été jugé radicalement nul , comme dans celui où il n'auroit pas été exécuté , foit par l'entrée effective de l'acqué eur en jouiffance , foit par le paiement du tout ou partie du prix , les droits ne feront payés que fur le pied de la quatrième fection des actes de la troifième claffe. . 1 l. »

D

D'IMMEUBLES ENTRE FRERES ET SŒURS, ONCLES ET NEVEUX.

116.
117.
. . . .

Les donations entre-vifs & les mutations des biens immeubles, opérées par fucceffion, teftament ou don éventuel entre frères & fœurs, oncles & neveux. . . . . 2 l. ,,

Lorfque le vendeur ou donateur fe réfervera l'ufufruit, le droit fera acquitté fur la valeur entière de l'immeuble ; mais il ne fera dû aucun nouveau droit pour la réunion de l'ufufruit à la propriété. . . . .

D'IMMEUBLES ENTRE PARENS AUX TROISIEME ET QUATRIEME DEGRÉS.

120.
. . . .

Les donations entre-vifs & les mutations de propriété de biens immeubles, opérées par fucceffions, teftament & don éventuel entre parens aux troifième & quatrième degrés. . . . . 3 l. ,,

D'IMMEUBLES ENTRE PARENS AU-DELA DU IVᵉ. DEGRÉ ET ETRANGERS.

127.
. . . .

Les donations entre-vifs, & les mutations de propriété de biens immeubles, opérées par fucceffion, teftament & don éventuel entre parens au-delà du quatrième degré, & entre étrangers. . . . . 4 l. ,,

DONATIONS MUTUELLES MOBILIAIRES.

96.
. . . .

Les donations mutuelles & conventions réciproques de libéralité d'objets mobiliers déterminés, à l'exception de celles entre maris & femmes, en raifon de toutes les fommes & de la valeur des biens qui y feront compris ; & lors de l'évènement il ne fera dû aucuns droits. . . . . 15 f.

DONATIONS MUTUELLES IMMOBILIAIRES.

97.
. . . .

A l'égard des donations mutuelles & des dons éventuels qui ne comprendront que des biens immeubles déterminés, les droits en feront payés fur le pied de la quatrième fection des actes fimples, fans préjudice des déclarations qui feront à fournir pour le paiement des droits proportionnels lorfque ces donations auront leur effet. . . . .

DONATIONS EN USUFRUIT ENTRE MARIS ET FEMMES.

92.   .... Les déclarations que feront tenus de faire les époux furvivans des biens immeubles dont ils recueilleront l'ufufruit à titre de donation, droit de viduité ou de tous autres avantages ufufruitiers accordés, foit par les Loix & Coutumes, foit en vertu des claufes inférées dans leurs contrats de mariage, par don mutuel ou par teftament ; & le droit réfultant de ces déclarations fera payé fur la valeur entière des biens fujets à l'ufufruit.. ....10 f.

DOTS.

86. En ligne directe....   Par contrats de mariage..10 f.

86. Par collatéraux ou étrangers. ....}   De biens préfens & défignés........................... 1 l. »

86. De Biens à venir...   *Voyez* la deuxième claffe, page 32.

92. Droit de viduité...   *Voyez* ci-deffus donation en ufufruit entre maris & femmes.

103. Echanges......... Les échanges de biens immeubles entre quelques perfonnes que ce foit, à raifon de la valeur d'une des parts, lorfqu'il n'y aura aucun retour ou plus-value, & toutes les fois qu'il y aura retour ou plus-value le droit fera réglé à vingt fols par cent livres, fur la moindre portion, & comme vente fur le retour ou plus-value......... 1 l. »

104. }
105. } Engagemens.......   *Voyez* contrats pignoratifs.

  Epoux furvivans....   *Voyez* page 47.

  Exhérédation......   *Voyez* page 33.

88. Inventaires........ Les inventaires & les partages entre copropriétaires, qui feront paffés devant Notaires ou au Greffe, à raifon des objets mobiliers inventoriés, & de tous les biens meubles partagés ; mais lorfqu'un partage aura été précédé d'un inventaire en forme authentique, il fera fait déduction des droits jufqu'à concurrence des fommes payées lors de l'inventaire, pour raifon des objets inventoriés qui entreront dans la maffe du partage ; & s'il y a foulte au partage, le droit fera perçu fur cette foulte, fur le pied de la quatrième fection ci-après................. ......10 f.

  Inflitutions contrac-tuelles..........}   *Voyez* page 33.

D 2

Numéros du Décret.			Droit par chaque 100 liv.

LEGS.

84. 85.	En directe..........	{ D'immeubles réels ou fictifs, en propriété.................. 5f. Desdits immeubles en usufruit........................ 2f. 6d. De sommes & effets mobiliers........................ 5f.

109.	Non en directe....	De sommes déterminées & valeurs mobiliaires............ 1l. 10f.

92. 108.	Entre Maris & Femmes,............	{ D'immeubles en usufruit............................ 10f. D'immeubles en propriété............................ 1l. » De sommes & objets mobiliers en propriété............ 1l. » De pensions.. 1l. »

106. 116.	Entre Frères & Sœurs, Oncles & Neveux.	{ D'immeubles en usufruit............................ 1l. » D'immeubles en propriété............................ 2l. »

112. 120.	Entre Parens aux troisième & quatriè- me degrés.	{ D'immeubles en usufruit............................ 1l. 10f. D'immeubles en propriété............................ 3l. »

119. 127.	Entre parens au-delà du quatrième degré, ou étrangers.	{ D'immeubles en usufruit............................ 2l. » D'immeubles en propriété............................ 4l. »

	Legs universels..... Legs particuliers....	} *Voyez* page 33.

101.	Licitations........	Entre copropriétaires. *Voyez* cession.................. 1l. »

115.	Licitations........	{ Portant adjudication à d'autres que les copropriétaires. *Voyez* adjudications.................................... 2l. »

75.	Marchés..........	*Voyez* adjudications d'ouvrages & fournitures.

83.	Marchés,.........	{ Les sociétés, marchés, & traités autres que ceux dénommés dans la Section précédente, composés de sommes déterminées, & d'objets mobiliers désignés & susceptibles d'évaluation...... 10f.

	Mariages..........	*Voyez* contrats de mariage.

78.	Obligations.......	A la grosse aventure pour retour de voyages.......... 5f.

94.	Obligations.......	*Voyez* arrêtés de compte........................ 15f.

Numéros du Décret.			Droit par chaque 100 liv.

	Ventes...........	De Bois...... ⎫	
	Ventes...........	De Meubles.. ⎭ *Voyez* adjudications.	
102.	Ventes,..........	D'immeubles en directe, hors contrat de mariage.........	1 l. »
107.	Ventes..........	D'ufufruit ou à vie d'immeubles, réels ou fictifs.........	1 l. »
115.	Ventes..........	D'immeubles en propriété. *Voyez* adjudications..........	2 l. »
119.	Ventes de Meubles & d'Immeubles.. ⎧⎨⎩	Dans le cas où la vente comprendroit des biens meubles & immeubles, le droit fera perçu fur le tout s'il n'eft ftipulé pour ces meubles un prix particulier.	

CHAPITRE VI.

DEUXIÈME CLASSE DU TARIF concernant les Actes dont le Droit eft réglé en raifon du revenu, préfumé & évalué d'après la Cote d'habitation, dans la Contribution perfonnelle des Contractans.

DISPOSITIONS GÉNÉRALES.

	Numéros du Décret.

Dans tous les cas exprimés aux divers articles de la deuxième Claffe, il fera fait déclaration du montant de la Cote d'habitation dans la contribution perfonnelle des Contractans, ou des Perfonnes dont l'Impofition devra fervir à fixer les Droits, d'après les Rôles qui auront immédiatement précédé la date des Actes entre-vifs, & la préfentation au Bureau des Actes de dernière volonté, à l'effet d'établir la perception, conformément au préfent Tarif; faute de cette déclaration, il fera perçu provifoirement, une fomme de cent livres; mais les parties auront alors la faculté de juftifier de la fomme de ladite Contribution pendant une année, à compter du jour de l'enregiftrement. Les Droits feront réduits en conféquence, & l'excédent fera reftitué, fans que l'on puiffe être difpenfé de payer le fupplément qui feroit demandé par le Prépofé, en vertu defdits Rôles, dans le cas où il en réfulteroit un Droit qui furpafferoit la perception provifoire ci-deffus établie. ⎱ 138.

Voyez dans le Tableau ci-après, les mots.....Contrats de Mariage. ...Enfans de Famille..... Perfonnes non-impofées.....Étrangers.

Le Droit d'Enregiftrement des Actes de la deuxième Claffe, fera payé à raifon du quinzième du revenu des Contractans ou Teftateurs, & leur revenu fera évalué d'après leur Cote d'habitation, dans la contribution perfonnelle, fans que le droit puiffe être moindre de 1 l. 10 f. } 16

Tous les Actes compris dans les difpofitions de la deuxième Claffe, ne feront affujettis qu'à un demi-droit, toutes les fois qu'il fera fait en ligne directe. } 135

Actes compris dans la deuxième Claffe.

Actes de dernières volontés........

{ Les teftamens & actes de dernière volonté, lorfqu'ils contiendront inftitution d'héritier, legs univerfel de biens meubles ou immeubles, fans tranfmiffion ni acceptation, à raifon d'un feul droit pour chaque teftateur ou inftituant en quelque nombre que foient les héritiers ou légataires. } 128

Dans le cas où le teftateur auroit fait plufieurs teftamens ou codicilles, les droits de deuxième claffe ne feront perçus que fur l'un de ces actes, ils feront réglés pour les autres en raifon de la quatrième fection de la troifième claffe. } 129

Codicilles........ *Voyez* l'article précédent.

Contrats de Mariage.

{ Les contrats de mariage dont le droit n'aura pas été réglé fur le montant des conftitutions dotales, conformément à l'option réfervée par la deuxième Section des actes de la première Claffe. } 136

Les contrats de mariage dont le droit fera perçu fur les revenus préfumés des contractans d'après la cote d'habitation, feront de plus affujettis au paiement des droits fur les difpofitions faites en faveur des conjoints par des collatéraux ou des étrangers. } 139

La perception du droit fur les revenus préfumés, ne fera affife que fur ceux du futur feulement ; & dans le cas où il ne feroit pas impofé perfonnellement, l'affiette du droit fe fera à raifon du revenu préfumé du père, pour la moitié feulement, fi le futur eft feul héritier, & dans le cas où le futur auroit des frères & fœurs, pour une portion de cette moitié, relative aux nombres d'enfans exiftans lors du contrat de mariage. } 140

Difpofitions de Biens à venir........

{ Les donations éventuelles d'objets indéterminés, les rappels à la fucceffion, promeffes de garder fucceffions, les inftitutions contractuelles, & autres difpofitions de biens à venir, contenus dans les actes entre-vifs........ } 132

Dons mutuels...... Entre maris & femmes... 137

Donations

E

Subſtitutions, Exhérédations........ { Les ſubſtitutions & les exhérédations, tant qu'elles ſubſiſteront, ſoit qu'elles ſoient faites par actes entre-vifs, ou à cauſe de mort.

Il ne ſera perçu qu'un droit pour celles faites par une perſonne dans le même acte ; & ſi la ſubſtitution eſt de biens déſignés ſuſceptibles d'évaluation, qui donneront ouverture à un moindre droit, en le réglant ſur le pied des valeurs, telle qu'elle eſt fixée par la quatrième Section de la première Claſſe, il ſera, dans ce cas, perçu ſur ce pied.

Teſtamens........ *Voyez* Acte de dernière volonté.

CHAPITRE VII.

TROISIÈME CLASSE DU TARIF, concernant les Actes aſſujettis à des Droits fixes, ſuivant la nature des Actes.

Numéros du Décret.		Droit fixe.
171.	Abandonnemens de Biens.......... } Pour être vendus en direction........................	6 l.
158.	Abſtentions....... { & renonciations à communauté, ſucceſſions ou legs, à raiſon d'un droit pour chaque ſucceſſion ou legs.................	1 l.
166.	Actes Civils....... { & judiciaires qui ne pourront recevoir d'application poſitive à aucune des autres claſſes du tarif........................	1 l.
	Actes........... { & contrats qui ne contiendront que des diſpoſitions préparatoires & de pure formalité, tels que &c. *Voyez* au préſent chapitre tous les articles qui portent le n°. 158....................	1 l.
159.	Actes........... { & contrats qui ne contiendront que l'exécution, le complément & la conſommation de contrats antérieurs & immédiats ſoumis à la formalité ſans qu'il intervienne aucunes perſonnes déſintéreſſées dans les premières conventions, néanmoins les droits des actes ci-deſſus énoncés ne pourront excéder ceux qui auront été perçus ſur les contrats précédents auxquels ils auront rapport........	1 l.
158.	Actes........... de notoriété.................................	1 l.
158.	Actes........... de reſpects. *Voyez* ſommations reſpectueuſes..............	1 l.

Numéros du Décret.			Droits fixes.

E 2

CHAPITRE VIII,

Contenant la partie du TARIF qui concerne les Actes Judiciaires & les Jugemens.

Voyez au Chapitre quatre, troisième Section, page 15, les Actes Judiciaires & Jugemens qui doivent être enregistrés sur les minutes & ceux qui doivent l'être sur les Expéditions.

PREMIÈRE CLASSE,

Jugemens des Tribunaux de Commerce 82. & de Districts d'où 83. il résultera.......

Condamnation,...........
Liquidation,............
Collocation,............
Obligation,............
Attribution,...........
Transmission,...........

de sommes déterminées, & valeurs mobiliaires, tant en principaux qu'intérêts & dépens liquidés........ 5.

Sans que dans aucun cas le droit puisse être moindre de 20 sols.

A l'égard des jugemens de condamnation & autres rendus par les tribunaux de districts en matière d'impositions, le droit d'enregistrement auxquels ils seront assujettis, ne pourra en aucun cas excéder 10 sols.

100. Procès-Verbaux contenant Vente, Ceffion ou Adjudication de Meubles....... 1 l. »

31. Jugemens contenant tranfmiffion d'Immeubles réels ou fictifs. (*Nota*. Ces
Jugemens doivent être fujets au Droit proportionnel, fuivant les cas auxquels
s'appliquera l'efpèce de tranfmiffion qu'ils contiendront).

101. Licitation portant adjudication à l'un des copropriétaires. *Voyez* les mots
Ceffions d'Immeubles, page 22 .... 1 l. »

115. Licitation portant adjudication à d'autres que les copropriétaires. *Voyez* Adjudications d'Immeubles, Page 21..................................... 2 l. »

105. Jugemens portant délaiffemens, déguerpiffemens, renvoi & rentrée en poffeffion
de Biens Immobiliers. *Voyez* Déguerpiffement, Page 24...... .... 1 l. »

104. Engagemens conventionels ou judiciaires, & Contrats pignoratifs ftipulés jufqu'à
douze années inclufivement en proportion du montant des créances......... 1 l. »

88. Inventaires & partages. *Voyez* page 27.

TROISIÈME CLASSE.

Actes Judiciaires & Jugemens.

164. Préparatoires de formalité ou d'inftruction.............................. 1 l. »

Voyez ci-après.. { Juges de Paix.
{ Matières de Contribution, &c.

Numéros du Décret.		*Actes Judiciaires & Jugemens.*	Droits fixes.

Portant....... Nomination de.
- Tuteurs ou Curateurs......
- Commissaires............
- Directeurs.............
- Séquestres.............
} .... 2 l. ,,

Apposition & reconnoissance de scellés par chaque vacation. 2 l. ,,
Clôture d'inventaire.................................... 2 l. ,,

Donnant Acte...
- D'appel.......................................
- Affirmation......................................
- Acquiescement....................................

Ordonnant.....
- Partage.......................................
- Vente..
- Licitation......................................
- Inventaire.....................................

167.

Portant.......
- Reconnoissance ou maintien d'hypothèque.............
- Conversion d'opposition en saisie...................
- Débouté d'appel ou d'opposition....................
- Décharge de demande............................
- Déclinatoire...................................
- Publication judiciaire de donations.................
- Enthérinement de lettres, de procès-verbaux, & rapports...
- Sans qu'il en résulte partage effectif ou mutation.........
- Main-levée d'opposition ou saisie...................
- Maintenue en possession..........................
- Nantissement..................................
- Soumission & exécution de jugements................
} 2 l. ,,

Acceptations de succession & de legs qui n'ont pas une valeur déterminée, à raison d'un droit par chaque legs ou succession.. 2 l. ,,

Tous Actes & Jugemens définitifs des Tribunaux de Districts, rendus contradictoirement ou par défaut en première instance, & qui ne sont pas applicables à la première Classe... 2 l. ,,

Actes

Actes & Jugemens.

171. Portant.

Emancipation, Bénéfice d'âge, Bénéfice d'Inventaire......... en quelque nombre que soient les impétrans...... 6 l. »
Rescision.......................

Interdiction.................................... ....

Séparation de biens entre maris & femmes, sauf à percevoir sur le montant des condamnations & liquidations dans les cas où celles prononcées par le jugement donneroient ouverture à de plus grands droits............................ 12 l. »

**170
173. Appels....** Les Significations & déclarations d'appel au Tribunal de District des sentences rendues par le Juge de Paix.................., 3 l. »

Des Jugemens des Tribunaux de Districts................ 6 l. »

174. Jugemens sur appels. Les Expéditions des jugemens définitifs, rendus sur appel, & dont les objets ne seront ni liquidés ni évalués.......... 6 l. »

178. Cassation......... Le premier Acte portant notification de recours au Tribunal de Cassation... 12 l. »

Et les Expéditions des jugemens de cette cour............ 12 l. »

**164.
147. Juges de Paix......** Leurs jugemens sont déclarés exempts de tous droits d'Enregistrement. (Mais voyez page 39, quant à ceux qui contiendront transmission d'immeubles).

251. Matières de contribution, de délits, & contraventions,. Les Procès-verbaux de délits & contraventions aux règlemens généraux de police ou d'impositions, lesquels seront enregistrés à peine de nullité, dans les quatre jours qui suivront celui de leur date, & avant qu'aucun Huissier puisse en faire la signification..10 f.

Les Expéditions des jugemens qui seront rendus en matière de contribution, de délits & de contraventions................10 f.

252. Matières criminelles. Les Jugemens préparatoires ou définitifs rendus en matière criminelle, sur la poursuite du ministère public sans partie civile, & les expéditions qui en seront délivrées seront exempts de la formalité & du droit d'Enregistrement..................

F

165. Mêmes expéditions......... Les secondes Expéditions des jugemens des tribunaux de district, lorsque les premières auront acquitté le droit proportionnel.. 1 l.

CHAPITRE IX.

Contenant la partie du TARIF qui concerne les Exploits & Significations.

155. Cas de plusieurs Droits. { Les Exploits ne seront sujets qu'à un seul enregistrement, mais le droit sera perçu pour chaque personne requérante, ou à qui la signification sera faite ; sans qu'il puisse être perçu au total plus de cinq droits sur un Exploit ou Procès-verbal fait dans un seul jour, & pour le même fait.

146. { Chaque Exploit ou Signification faite entre les défenseurs des Parties.......... Ou qui aura pour objet le recouvrement des contributions directes ou indirectes même des contributions locales.......... Et toutes les contraventions aux Réglemens généraux de police ou d'impôt. } Tant en action qu'en défense. 5

154. Les Exploits & Significations des Huissiers & autres ayant droit de faire des notifications en forme, tant en matière civile que criminelle, à l'exception des Exploits désignés ci-dessus, N°. 143, & de ceux qui contiennent déclaration d'appel......................... 15

148. Délits ou contraventions aux Réglemens de Police ou d'imposition. { Si la signification (des Procès-verbaux de délits & contraventions aux réglemens généraux de Police ou d'imposition) est faite par le Procès-verbal & dans le même contexte, il ne sera payé que le droit de 10 l. tant pour le Procès-verbal que pour la signification à un seul délinquant.

Et s'il y a plusieurs délinquans, les droits des significations faites au second & aux suivans, seront perçus, outre celui du Procès-verbal, ainsi qu'ils sont réglés par la première Section, *Voyez* ci-dessus les Numéros 146 & 155.........5

CHAPITRE X.

Contenant les parties du DÉCRET & du TARIF concernant les Actes fous Signatures privées.

Voyez le troisième Chapitre.

39. Mutations d'Immeubles.. Tout Acte privé qui contiendra mutations d'Immeubles réels ou fictifs, sera sujet à la formalité dans les six mois qui suivront le jour de sa date... } Droit simple.

Passé lequel délai, si un Acte de cette nature est produit en justice, ou énoncé dans un Acte authentique, il sera affujetti au paiement du double Droit.. } Double Droit.

40. { Les Inventaires, à l'exception de ceux de commerce entre affociés.........................

Les Traités de Mariage.....................

Les Actes portant tranfmiffion de propriété ou d'ufufruit de Biens Immeubles.................

Lorfqu'ils feront paffés fous fignatures privées, ne pourront recevoir la formalité après le délai de fix mois, qu'en payant deux fois la fomme du Droit... } Double Droit.

F 2

98. Mariages....... { Les Traités de Mariage passés sous signatures privées, qui seront présentés à l'enregistrement dans le délai de six mois après leur date, à raison des sommes, biens & objets qui seront énoncés comme appartenans aux conjoints, ou qui leur seront constitués en ligne directe....................... } 15 f. par 100 l.

Sans préjudice des Droits fixés par le Tarif, sur les Cessions & Donations qui leur seront faites autrement qu'en ligne directe....*Voyez* Contrat de Mariage, Pages 23 & 24.

177. Dispositions géné- rales.......... { Tous les droits établis dans les Classes & Sections du présent tarif seront perçus sur tous les actes faits sous seing-privé, lorsqu'ils seront présentés à l'enregistrement, suivant la classe & la section à laquelle ils appartiendront, sauf le double droit pour les actes de la première classe seulement, & dans les cas exprimés par la loi.

CHAPITRE XI.

CONCERNANT LES EXCEPTIONS.

79. Assurances........ { En tems de guerre le droit d'Enregistrement sur les Assurances & les abandonnemens faits en conséquence est réduit à moitié. *Voyez* Assurances page 21.

126. Biens au-dessous de 50 liv.......... { Pour tous les actes de la première Classe dont les sommes & valeurs n'excéderont pas 50 livres, il ne sera perçu que la moitié du droit fixé sur 100 livres par chaque division.

178. Etablissemens de Bienfaisance. { Il ne sera payé que la moitié des droits fixés par le présent tarif, tant sur les actes de la première, que sur ceux de la seconde & de la troisième Classe, pour tout ce qui appartiendra & sera délivré, adjugé ou donné par ventes, donations ou libéralités, legs, transactions, & jugemens en faveur des Hopitaux, Ecoles d'instruction & d'éducation, & autres établissemens publics de bienfaisance.

<table>
<tr><td>Numéros
du
Décret.</td><td></td><td></td></tr>
</table>

179. **Acquifitions pour des Etabliffemens.**

L'Affemblée Nationale fe réferve au furplus de ftatuer fur la fixation des droits qui feront payés pour les acquifitions à quelque titre que ce foit, de biens immeubles réels ou fictifs qui pourront être faites par les Hopitaux, Colléges, Académies & autres établiffemens permanens, & fur les formalités qui feront néceffaires pour autorifer ces acquifitions,

181. **Acquifitions de Domaines Nationaux par les Municipalités.**

Toutes les acquifitions de Domaines Nationaux faites par les Municipalités, les ventes, reventes, adjudications & fubrogations qu'elles en feront, enfemble les actes d'emprunts de deniers, pour parvenir auxdites acquifitions, avec affectation de privilége fur lefdits fonds, foit de la part des Municipalités, foit de la part des particuliers, en faifant d'ailleurs la preuve de l'emploi réel & effectif des deniers, en acquifition de Fonds Nationaux, ainfi que les quittances relatives au paiement du prix des acquifitions, feront enregiftrés fans être affujettis à autre droit que celui de 15 fols, & ce, pendant les quinze années accordées par le Décret du 14 Mai dernier.

181. **Acquifitions de Domaines Nationaux par des Particuliers.**

Toutes les acquifitions des mêmes Domaines faites par des particuliers, les ventes & ceffions qu'ils en feront, & les actes d'emprunts faits pour les caufes & aux conditions portées ci-deffus, ne feront pareillement affujettis qu'au droit d'Enregiftrement de 15 fols pendant les cinq années accordées par le Décret des vingt-cinq, vingt-fix & vingt-neuf Juin dernier.

CHAPITRE XII.

CONCERNANT LES DÉCLARATIONS A FAIRE,

DÉCLARATIONS à faire, & Droits à payer pour les Immeubles réels ou fictifs échus, foit en propriété, foit en ufufruit.

Voyez les difpofitions rapportées au quatrième Chapitre, Page 7.

84. Ligne directe......

Les Déclarations que les héritiers, donataires éventuels & légataires en ligne directe, feront tenus de fournir de la valeur entière des biens immeubles réels ou fictifs qui leur feront échus en propriété..5f.

Il ne fera payé que la moitié defdits droits pour les déclarations d'ufufruit des mêmes biens.............................2f. 6d.

Et il ne fera rien dû pour la réunion de l'ufufruit à la propriété, lorfque le droit d'enregiftrement aura été acquitté fur la valeur entière du titre de propriété.

106. Frères & Sœurs, Oncles & Neveux. Ufufruit.

Les Déclarations que feront tenus de fournir dans les délais prefcrits par l'article XII du Décret, les frères & sœurs, oncles & neveux, héritiers, légataires ou donataires éventuels des biens immeubles réels ou fictifs qui leur feront échus en ufufruit, dont les droits feront payés à raifon de la valeur de ces biens.. 1l. »

Et fi par la fuite ils réuniffent la propriété à l'ufufruit, à quelque titre que ce foit, les droits ne feront payés que fur l'eftimation ou le prix de la propriété, déduction faite de l'ufufruit.

116. Eux en propriété...

Les Donations entre-vifs & les mutations des biens immeubles opérées par fucceffion, teftamens ou don éventuel entre frères & sœurs, oncles & neveux...............................2l. »

117. Parens aux troifième & quatrième degrés. Ufufruit.

Les Déclarations que feront tenus de fournir les héritiers, légataires & donataires éventuels, parens aux troifième & quatrième degré, des biens immeubles réels ou fictifs, qui leur feront échus en ufufruit, conformément à l'article ci-deffus, n°. 106,...1l. 10f.

120. Eux en propriété...

Les Donations entre-vifs & les mutations des biens immeubles opérées par fucceffion, teftament & dons éventuels entre parens aux troifième & quatrième degrés......................3l. »

119. Parens au-delà du quatrième degré & Etrangers. Ufufruit.

Les Déclarations que feront tenus de fournir les parens au-delà du quatrième degré & les étrangers, des biens immeubles réels ou fictifs qui leur feront échus en ufufruit...........2l. »

117. Eux en propriété...

Les Donations entre-vifs & les mutations de propriété de biens immeubles, opérées par fucceffion, teftament & don éventuel, entre parens au-delà du quatrième degré & entre étrangers... 4 l. »

DÉCLARATIONS à faire & Droits à payer par les Donataires & Légataires éventuels d'objets Mobiliers.

110. Les Déclarations que feront tenus de faire les Donateurs & Légataires éventuels, des fommes & autres objets mobiliers qu'ils auront recueillis par le décès des Donateurs, ou par l'évènement des autres conditions prévues en vertu d'Actes & Contrats dont le droit d'Enregiftrement n'aura été payé que fur le pied des Actes fimples, conformément à l'article 3 du Décret........ 1 l. 10 f.

EXCEPTIONS.

111. Sont exceptés les Donations mutuelles, les Dons & gains de furvie entre maris & femmes, & les difpofitions en ligne directe, dont les Droits font réglés par d'autres Sections.

DÉCLARATIONS à faire, & Droits à payer par les Epoux furvivans.

92. Immeubles en ufufruit.

Les Déclarations que feront tenus de faire les époux furvivans, des biens immeubles dont ils recueilleront l'ufufruit, à titre de donation, droit de viduité ou de tous autres avantages ufufruitiers, accordés foit par les loix & coutumes, foit en vertu des claufes inférées dans leurs contrats de mariage, par don mutuel ou par teftament ; & le droit réfultant de ces déclarations, fera payé fur la valeur entière des biens fujets à l'ufufruit................10 f.

108. Immeubles en propriété, Penfions & Mobilier.

Les Déclarations que feront tenus de fournir les furvivants des époux.

De tous les biens immobiliers qui leur feront tranfmis en propriété par donation & libéralités, à titre de reprifes, de rétention ou autrement..................................... 1 l. »

Et des capitaux des rentes, penfions, fommes & objets mobiliers qui leur feront échus à titre gratuit, en vertu de leurs contrats de mariage, teftamens ou autres difpofitions....... 1 l. »

Sauf à déduire ce qui aura été payé par le furvivant, pour l'enregiftrement du teftament ou du don mutuel.

ERRATUM.

Page 47, ligne 7; Donateurs, *lisez* Donataires.

DÉCRET

DE

L'ASSEMBLÉE NATIONALE,

Sur l'Enregistrement des Actes Civils & Judiciaires, & sur les Titres de Propriété.

Du 5 Décembre 1790.

Nos. L'Assemblée Nationale décrète ce qui suit :

1. ARTICLE PREMIER. A compter du premier Février 1791, les droits de contrôle des Actes & des exploits, insinuations ecclésiastiques & laïques, centième denier des immeubles, ensaisinement, scel des Jugemens, tous les droits de Greffe, les droits réservés sur les procédures lors de la suppression des Offices de tiers référendaires, Contrôleurs des dépens, Vérificateurs des défauts, Receveurs des épices & amendes, le sceau des actes des Notaires, le droit de sceau en Lorraine, celui de bourse commune des Huissiers de Bretagne, les quatre deniers pour livre du prix des ventes de meubles, les droits d'amortissement, de nouvel acquêt & usages, seront abolis.

2. La formalité de l'insinuation sera donnée aux actes qui exigent la publicité, ainsi qu'il est prescrit par l'article XXIV du Décret de l'Assemblée Nationale des 6 & 7 Septembre 1790.

3. ART. II. Les actes des Notaires & les exploits des Huissiers seront assujettis, dans toute l'étendue du Royaume, à un enregistrement, pour assurer leur existence & constater leur date.

4. Les actes judiciaires seront soumis à la même formalité, soit sur la minute, soit sur l'expédition, ainsi qu'il sera expliqué ci-après.

5. Les actes passés sous signatures privées y seront pareillement sujets dans les cas prévus par l'article XI.

6. Enfin, le titre de toute propriété ou usufruit de biens immeubles, réels ou fictifs, sera de même enregistré.

7. A défaut d'actes en forme, ou signature privée, contenant translation de nouvelle propriété, il sera fait enregistrement de la déclaration que les Propriétaires & les Usufruitiers seront tenus de fournir, de la consistance & de la valeur de ces immeubles, soit qu'ils les aient recueillis par succession ou autrement, en vertu des Lois & Coutumes, ou par l'échéance des conditions attachées aux dispositions éventuelles.

8. A raison de cette formalité, il sera payé un droit, dont les proportions seront déterminées ci-après, suivant la nature des actes & les objets des déclarations.

9. ART. III. Les actes & les titres de propriété ou d'usufruit soumis à la formalité, seront pour la perception du droit d'Enregistrement divisés en trois classes.

10. La première comprendra les actes dont les objets ont une valeur déterminée, & dont il résulte immédiatement transmission, attribution, obligation, ou libération.

11. La seconde classe, ceux dont les objets ne seront pas évalués, soit parce que cette évaluation dépend de circonstances éventuelles, soit parce qu'il n'y a pas lieu à exiger l'évaluation ; cette

A

claffe comprendra les contrats de mariage, les teftamens, les dons mutuels, les difpofitions de biens à venir & de dernière volonté, même les difpofitions éventuelles ftipulées par des actes entre-vifs dont les objets font indéterminés.

12. La troifième claffe comprendra tous les actes de formalité ou de précaution, les actes préparatoires, ceux qui concernent l'introduction ou l'inftruction des inftances ; ceux qui ne contiennent que l'exécution, le complément ou la confommation de conventions antérieures paffées en forme d'actes publics, dont les droits auront été payés fur le pied de la première claffe, les donations éventuelles d'objets déterminés, & généralement tous les actes non compris dans les deux claffes précédentes.

13. ART. IV. Il fera payé pour l'enregiftrement des actes & titres de propriété ou d'ufufruit de la première claffe, un droit proportionnel à la valeur des objets qui y feront défignés.

14. Cette perception fuivra chaque férie de 100 liv. inclufivement & fans fraction.

15. La quotité en fera graduée par plufieurs fections, depuis 5 fols jufqu'à 4 livres, par cent livres, conformément au tarif qui fera annexé au préfent Décret.

16. Le droit d'Enregiftrement des actes de la feconde claffe fera payé à raifon du quinzième du revenu des Contractans ou Teftateurs, & leur revenu fera évalué d'après leur cote d'habitation dans la contribution perfonnelle, fans que le droit puiffe être moindre de 1 liv. 10 fols.

17. Mais dans le cas où un acte de la feconde claffe ne tranfmettroit que des propriétés immobiliaires, il fera fait déduction de la fomme payée pour l'enregiftrement de cet acte, fur celle que le Propriétaire acquittera lors de la déclaration qu'il fera tenu de faire pour raifon de ces immeubles.

18. Le droit d'enregiftrement des actes de la troifième claffe, confiftera dans une fomme fixe pour chaque efpèce, depuis 5 fols jufqu'à 12 liv. fuivant le degré d'utilité qui en réfulte, & conformément aux différentes fections de la troifième partie du Tarif.

ART. V. Le droit d'enregiftrement des actes de la première claffe fera perçu, favoir :

19. Pour les ventes, ceffions, ou autres tranfmiffions à titre onéreux, fur le prix exprimé fans fraude, y compris le capital des redevances & de toutes les charges dont l'Acquéreur eft tenu.

20. A l'égard des actes portant tranfmiffion de propriété ou d'ufufruit à titre gratuit, des partages de biens meubles, échanges, & autres titres qui ne comporteront pas de prix, le droit d'enregiftrement fera réglé pour les propriétés mobiliaires & les immeubles fictifs, d'après la déclaration eftimative des Parties ; & pour les immeubles réels, d'après la déclaration que les Parties feront pareillement tenues de faire de ce que ces immeubles payent de contribution foncière, & dans le rapport du principal au denier vingt-cinq du revenu defdits biens.

21. Faute de déclaration de prix ou de l'eftimation de tous les objets défignés, le droit d'Enregiftrement fera perçu fuivant les différentes fections de la première claffe auxquelles les actes & contrats feront applicables fur une évaluation provifoire de 15,000 liv.

22. Les Contractans auront pendant une année, à compter du jour de l'enregiftrement, la faculté de faire leur déclaration de la vraie valeur des objets qu'ils auront omis d'eftimer ; le droit fera réduit dans la proportion de cette évaluation, & l'excédent fera reftitué, fans que les Contractans puiffent être difpenfés de faire l'eftimation des objets défignés dont la valeur pourroit donner lieu à un droit qui furpafferoit la fixation provifoire ci-deffus établie.

23. ART. VI. Dans le cas où une déclaration ne comprendroit pas tous les objets fur lefquels elle doit s'étendre, ou la véritable valeur, ou la quotité réelle de l'impofition territoriale fur tous les objets défignés, conformément à l'article précédent, il fera payé deux fois la fomme du droit fur la valeur des objets omis.

24. ART. VII. L'enregiftrement prefcrit par le préfent Décret fe fera en rappellant fur le regiftre à ce deftiné, par extrait & dans un même contexte, toutes les difpofitions que l'acte contiendra ; la fomme du droit fera réglée fuivant les différentes claffes & fections du tarif auxquelles fe rapporteront les difpofitions qui ne dériveront pas néceffairement les unes des autres.

25. ART. VIII. Tout acte de Notaire fera préfenté à l'enregiftrement dans les dix jours qui fuivront celui de la date, lorfque le Notaire réfidera dans le même lieu où le Bureau fera établi, & dans les vingt jours lorsqu'il réſidera hors le lieu de l'établiſſement du Bureau, à l'exception des teſta-mens qui ſeront préſentés trois mois au plus tard après le décès des Teſtateurs.

26. Il ſera fait mention de la formalité dans les expéditions, par tranſcription littérale de la quittance du Receveur ; ſi le Notaire délivre un acte, ſoit en brevet, ſoit par expédition, avant qu'il ait été enregiſtré, il ſera tenu de la reſtitution des droits, ainſi qu'elle eſt preſcrite par l'article ſuivant ; il ſera interdit s'il y a récidive ; & dans le cas de fauſſe mention d'enregiſtrement, il ſera condamné aux peines prononcées pour le faux matériel.

27. Les exploits & actes des Huiſſiers ſeront enregiſtrés dans les quatre jours qui ſuivront celui de leur date, ſoit au Bureau de leur réſidence, ſoit au Bureau du lieu où les actes auront été faits.

28. ART. IX. A défaut d'enregiſtrement dans les délais fixés par l'article précédent, un acte paſſé devant Notaire ne pourra valoir que comme un acte ſous ſignature privée. Le Notaire ſera reſpon-ſable envers les Parties des dommages qui pourront réſulter de l'omiſſion ; il ſera contraint, ſur la demande du Prépoſé, à payer deux fois le montant des droits, dont l'une ſera à ſa charge, l'autre à celle des Contractans.

29. Cependant l'acte ayant reçu la formalité omiſe, acquerra la fixité de la date & l'hypothèque à compter du jour de l'enregiſtrement ; & en cas de retard du Notaire à le faire enregiſtrer, ſur la demande qui lui en aura été faite, les Parties pourront elles-mêmes requérir cet enregiſtre-ment, en acquittant une fois le droit, ſauf leur recours contre le Notaire à qui elles l'au-roient déjà payé, & ſauf au Prépoſé à pourſuivre le Notaire pour ce ſecond droit réſultant de ſa contravention.

30. A l'égard des actes d'Huiſſiers, ils ſeront nuls à défaut de la formalité ; les Juges n'y auront aucun égard ; les Huiſſiers ſeront reſponſables envers les Parties des ſuites de cette nullité ; ils ſe-ront en outre contraints à payer de leurs deniers une ſomme de 10 liv. pour chaque exploit qu'ils auroient omis de faire enregiſtrer, & ſoumis aux mêmes peines que les Notaires, en cas de fauſſe mention d'enregiſtrement.

31. ART. X. Les actes judiciaires, Sentences arbitrales, tranſactions des Bureaux de Paix, & Ju-gemens des Juges de Paix, ſeront enregiſtrés ſur les minutes, & dans le délai d'un mois, au Bureau établi près la Juriſdiction du Greffier, lorſqu'ils contiendront tranſmiſſion de biens immeubles réels ou fictifs.

32. Les Greffiers qui n'auroient pas reçu des Parties les ſommes néceſſaires pour ſatisfaire aux droits d'enregiſtrement, ne ſeront point tenus d'en faire l'avance ; mais ils ne pourront délivrer aucune ex-pédition deſdits actes avant qu'ils aient été enregiſtrés, ſous peine d'être contraints à payer de leurs deniers deux fois le montant des droits.

33. Lorſque les Greffiers n'auront pas reçu des Parties la ſomme des droits, ils ſeront tenus de re-mettre aux Prépoſés, dans le délai du mois, un extrait certifié des actes mentionnés en la première ſection de cet article, & ſur cet extrait ; après ſix mois du jour de la date de l'acte, les Parties ſeront contraintes à payer pareillement deux fois le montant des droits.

34. Dans tous les autres cas, les ſeules expéditions des actes judiciaires ſeront ſoumiſes à la formalité avant qu'elles puiſſent être délivrées, ſous la même peine du doublement des droits.

35. Lorſqu'un acte judiciaire aura été enregiſtré ſur la minute, il en ſera fait mention ſur les expé-ditions qui ne ſeront ſujettes à aucuns nouveaux droits.

36. » A l'égard des actes dont l'enregiſtrement n'eſt pas preſcrit ſur la minute, chaque expédition re-cevra la formalité ; mais ſi l'acte eſt applicable à la première claſſe, le droit proportionnel ne ſera perçu que ſur la première expédition, & pour les autres à raiſon de ce qui eſt fixé pour les actes de la quatrième ſection de la troiſième claſſe «.

37. Les actes enregiſtrés dans le délai preſcrit, auront hypothèque du jour de leur date, & ſeulement du jour de l'enregiſtrement, lorſqu'ils ne ſeront enregiſtrés qu'après les délais.

38. ART. XI. Les actes ſous ſignatures privées, même les billets à ordre, en conſéquence deſquels il ſera formé quelques demandes principales, incidentes ou en reconvention, ſeront enregiſtrés au Bureau

A 2

du domicile du Demandeur, ou à celui établi près la Jurifdiction où il formera fa demande, avant d'être fignifiés ou produits en Juftice ; toute pourfuite & fignification faite au préjudice de cette difpofition, fera nulle ; les Juges n'y auront aucun égard, & ne pourront rendre aucun jugement avant que ces actes aient été enregiftrés.

39. Tout acte privé qui contiendra mutation d'immeubles réels ou fictifs, fera fujet à la formalité dans les fix mois qui fuivront le jour de fa date, paffé lequel délai, fi un acte de cette nature eft produit en Juftice, ou énoncé dans un acte authentique, il fera affujetti au paiement du double droit.

40. Les inventaires, à l'exception de ceux de commerce entre Affociés, les traités de mariage, les actes portant tranfmiffion de propriété ou d'ufufruit de biens immeubles, lorfqu'ils feront paffés fous fignature privée, ne pourront recevoir la formalité après le délai de fix mois expiré, qu'en payant pareillement deux fois la fomme des droits.

41. Aucun Notaire ou Greffier ne pourra recevoir le dépôt d'un acte privé, à l'exception des teftamens, ni en délivrer extrait ou copie collationnée, ni paffer aucun acte ou contrat en conféquence, fans que l'acte fous fignature privée ou le teftament aient été préalablement enregiftrés.

42. Les lettres de-change tirées de place en place, & leurs endoffemens, les extraits des livres des Marchands, concernant leur commerce, & les mémoires d'avances & frais des Offices de Juftice, lorfqu'ils ne contiendront point d'obligation, les paffe-ports délivrés par les Officiers publics, & les extraits des regiftres des naiffances, mariages & fépultures, font exceptés de cet article.

43. ART. XII. Les déclarations des héritiers, légataires & donataires éventuels de biens immeubles, réels ou fictifs, prefcrites par la quatrième fection de l'article II du préfent Décret, feront faites au plus tard dans les fix mois qui fuivront le jour de l'évènement de la mutation par décès ou autrement ; &, ce délai paffé, les Contribuables feront contraints à payer les droits, plus la moitié de la fomme en quoi ils confiftent.

44. Ces déclarations feront enregiftrées ; favoir, pour les immeubles réels, au Bureau dans l'arrondiffement duquel les biens feront fitués, & pour les immeubles fictifs, au Bureau établi près le domicile du dernier Poffeffeur.

45. ART. XIII. Tous les procès-verbaux, délibérations, & autres actes faits & ordonnés par les Corps Municipaux & Adminiftratifs, qui feront paffés à leurs Greffes & Secrétariats, & qui tendront directement & immédiatement à l'exercice de l'Adminiftration intérieure & police, feront exempts de la formalité & des droits d'enregiftrement.

46. A l'égard de tous les actes ci-devant affujettis aux droits de contrôle, & qui pourront être paffés par lefdits Corps Municipaux & Adminiftratifs, notamment les marchés & adjudications d'entreprifes & les baux de biens communaux & nationaux, ils feront fujets aux droits d'enregiftrement dans le délai d'un mois.

47. ART. XIV. Les Notaires feront tenus, à peine d'une fomme de 50 livres pour chaque omiffion, d'infcrire, jour par jour, fur leurs répertoires, les actes & contrats qu'ils recevront ; même ceux qui feront délivrés en brevet.

48. Les teftamens ou actes de dépôt, lorfqu'ils font faits devant Notaires, & les actes de dépôt des teftamens faits fous fignature privée, feront auffi infcrits fur les répertoires, fans autre indication que celle de la date de l'acte & du nom du teftateur, & fans que le Prépofé puiffe prendre communication de ces actes ni aucunes notes qui y foient relatives avant le décès des Teftateurs.

49. Les Greffiers tiendront fous les mêmes obligations, des répertoires de tous les actes volontaires dans les lieux où ils font dans l'ufage d'en recevoir, & de ceux dont il réfultera tranfmiffion de propriété ou de jouiffance de biens immeubles.

50. Les Huiffiers tiendront pareillement des répertoires de tous les actes & exploits, fous peine d'une fomme de 10 livres pour chaque omiffion.

51. Au moyen de ces difpofitions, les Prépofés ne pourront faire aucune vifite domiciliaire ou recherche générale dans les dépôts des Officiers publics qui ne feront tenus que de leur exhiber

leurs répertoires à toute réquisition, & de leur communiquer seulement les actes passés dans l'année antérieure, à compter du jour où cette communication sera demandée.

52. À l'égard des actes plus anciens, les Préposés ne pourront en requérir la lecture qu'en indiquant leur date & les noms des parties contractantes, & sur ordonnance de Juge ; & s'ils en demandent des expéditions, elles leur seront délivrées en payant 2 sols 6 deniers par chaque extrait ou rôle d'expédition, outre les frais du papier timbré.

53. ART. XV. Il sera établi des Bureaux pour l'enregistrement des actes & déclarations, & pour la perception des droits qui en résulteront, dans toutes les Villes où il y a Chef-lieu d'Administration ou Tribunal de District, & en outre, dans les Cantons où ils seront jugés nécessaires, sur l'avis des Districts & Départemens, sans que l'arrondissement d'aucun de ces Bureaux puisse s'étendre sur aucune Paroisse qui ne seroit pas du même District.

54. Aucun Notaire, Procureur, Greffier ou Huissier, ne pourra à l'avenir être pourvu de ces emplois.

55. Aucun Juge ni Commissaire du Roi ne pourra être préposé à l'exercice des mêmes droits.

56. Les Receveurs & autres employés seront tenus de prêter serment au Tribunal du District dans le ressort duquel le Bureau sera placé. Cette prestation aura lieu sans autres frais que ceux du timbre de l'expédition qui en sera délivrée.

57. ART. XVI. Les Notaires, les Greffiers, les Huissiers & les Parties seront tenus de payer les droits dans tous les cas, ainsi qu'ils sont réglés par le présent Décret, & le tarif annexé.

58. Ils ne pourront en atténuer ni différer le paiement sous le prétexte de contestation sur la quotité, ni pour quelque cause que ce soit, sauf à se pourvoir en restitution, s'il y a lieu, pardevant les Juges compétens.

59. ART. XVII. Les Préposés ne pourront, sous aucun prétexte, pas même en cas de contravention, différer l'enregistrement des actes dont les droits leur auront été payés conformément à l'article précédent ; ils ne pourront suspendre ou arrêter le cours des procédures en retenant aucuns actes ou exploits ; mais si un acte dont il n'y a pas de minute ou un exploit contenoit des renseignemens dont la trace pût être utile, le Préposé auroit la faculté d'en tirer une copie & de la faire certifier conforme à l'original par l'Officier qui l'auroit présentée ; & sur le refus de l'Officier, il s'en procurera la collation en forme, à ses frais, sauf répétition en cas de droit, le tout dans les 24 heures de la présentation de l'acte au Bureau.

60. ART. XVIII. Toute demande & action tendante à un supplément de droits sur un acte ou contrat, sera prescrite après le délai d'une année, à compter du jour de l'enregistrement ; les parties auront le même délai pour se pourvoir en restitution.

61. Toute contravention par omission ou insuffisance d'évaluation dans les déclarations des héritiers légataires & donataires éventuels, sera pareillement prescrite après le laps de trois années.

62. Enfin, toute demande de droits résultant des successions directes ou collatérales, pour raison de biens meubles ou immeubles réels ou fictifs échus en propriété ou en usufruit, par testamens, dons éventuels ou autrement, sera prescrite après le laps de cinq années, à compter du jour de l'ouverture des droits.

63. ART. XIX. Les préposés à la perception des droits sur les actes feront, comme par le passé, la recette des amendes d'appel, ainsi que de celles qui ont lieu, ou qui pourront être réglées dans les cas de cassation, déclinatoire, réintégrande, évocation, inscription de faux, tierce-opposition, récusation de Juges & requête civile. Ils seront également chargés du recouvrement des amendes, aumônes & de toutes autres peines pécuniaires prononcées par forme de condamnation pour crimes & délits, faits de police, contraventions aux reglemens des manufactures & autres, à la charge de rendre aux parties intéressées la part les concernant, sans aucuns frais.

64. ART. XX. Les Collecteurs des contributions directes, personnelles ou foncières, & tous dépositaires des rôles desdites contributions, seront tenus de donner communication de ces rôles, aux préposés à la perception des droits d'enregistrement, même de leur en laisser prendre extrait à toute réquisition, sur papier libre, & de les certifier sans frais.

65. ART. XXI. La perception des droits d'enregistrement réglés par le présent Décret & par le tarif annexé, n'aura aucun effet rétroactif.

66. ART. XXII. Tous les actes publics dans les pays ci-devant assujettis aux droits de contrôle, insinuation & accessoires, qui, à l'époque de l'exécution de ce Décret, n'auront pas subi toutes leurs formalités, ne pourront être assujettis à plus grands droits que ceux fixés par les anciens tarifs, pourvu qu'ils soient présentés à l'enregistrement dans les délais qui étoient prescrits ; mais les actes & déclarations dont la perception seroit plus avantageuse aux parties contractantes sur le pied fixé par le présent Décret, jouiront du bénéfice de ses dispositions, à compter du jour qu'il sera exécuté.

67. ART. XXIII. Les actes sous signatures privées, de date antérieure à l'époque fixée pour l'exécution du présent Décret, ne seront assujettis au droit d'Enregistrement qu'autant qu'ils l'étoient à ceux d'insinuation & centième denier, ou dans les cas où il sera formé quelque demande en Justice ou passé quelque acte authentique en conséquence, & seulement au simple droit.

68. ART. XXIV. Enfin, à l'égard des actes en forme authentique, passés avant l'époque de l'exécution du présent Décret, dans les pays du Royaume qui n'étoient pas soumis au contrôle, ils auront leur exécution sans être assujettis à la formalité de l'enregistrement ; & quant aux actes sous signature privée, passés dans les mêmes pays, avant cette époque, ils seront enregistrés lorsqu'il sera formé quelque demande ou passé quelqu'acte public en conséquence, sans qu'on puisse exiger de double droit.

69. ART. XXV. L'introduction & l'instruction des instances relatives à la perception des droits d'enregistrement auront lieu par simples requêtes ou mémoires respectivement communiqués, sans aucuns frais, autres que ceux du papier timbré & des significations des Jugemens interlocutoires & définitifs, & sans qu'il soit nécessaire d'y employer le ministère d'aucuns Avocats ou Procureurs, dont les écritures n'entreront point en taxe.

70. A l'égard des instances ci-devant engagées, relativement à la perception des droits du contrôle des actes & autres droits y joints, elles seront éteintes & comme non-avenues, à compter du jour de l'exécution du présent Décret ; mais les parties pourront se pourvoir de nouveau, tant à charge qu'à décharge, sous les formes & dans les délais prescrits par les articles précédens.

71. ART. XXVI. Le présent Décret sera porté à l'acceptation du Roi ; & pour en assurer la prompte exécution, il sera prié de nommer huit Commissaires.

TARIF

Des Droits d'Enregistrement, qui seront perçus sur les Actes Civils & Judiciaires, & sur les Titres de Propriété.

PREMIÈRE CLASSE.

PREMIÈRE SECTION.

Actes sujets au Droit de 5 sols par 100 livres.

ARTICLE PREMIER.

N°ˢ.

72. Les cautionnemens faits & reçus en Justice pour des sommes déterminées, dans quelques Tribunaux que ce soit ;

73. ART. II. Les cautionnemens des Trésoriers, Receveurs & Commis, pour sûreté des deniers qui leur sont confiés ;

74. ART. III. Les billets à ordre, les baux de nourriture des enfans mineurs, à raison du prix d'une année, les quittances, les actes de remboursement de rentes, & tous autres actes de libération qui expriment des valeurs, & les retraits de réméré qui sont exercés dans le délai stipulé, lorsqu'ils n'excèdent pas le terme de douze années, à compter du jour de la date du contrat d'aliénation ;

75. ART. IV. Les marchés ou adjudications pour constructions, réparations, entretien, approvisionnemens & fournitures, dont le prix doit être payé des deniers du Trésor public, ou par les Départemens, Districts & Municipalités ;

76. ART. V. Les ventes & adjudications des coupes de bois nationaux, taillis ou futaies, à raison de ce qui en forme le prix ;

77. ART. VI. Les attermoiemens entre un débiteur & ses créanciers, lorsqu'ils lui feront la remise d'une partie aliquote du principal de leurs créances, à raison du montant des sommes que le débiteur s'oblige de payer ;

78. ART. VII. Les obligations à la grosse aventure, & pour retour de voyages ;

79. ART. VIII. Les contrats d'assurances, à raison de la valeur de la prime ; & les abandonnemens faits en conséquence sur le pied de la valeur des objets abandonnés ; mais en tems de guerre les droits feront réduits à moitié ;

80. ART. IX. Les reconnoissances & les baux à chetel de bestiaux, d'après l'évaluation qui se trouvera dans l'acte, ou à défaut, d'après l'estimation qui sera faite du prix des bestiaux ;

81. ART. X. Les baux de pâturages, non excédant douze années, à raison du prix d'une année de location ;

82. ART. XI. Les expéditions des Jugemens des Tribunaux de Commerce & de Districts, dont il résultera condamnation, liquidation, collocation, obligation, attribution ou transmission de sommes déterminées & valeurs mobiliaires, tant en principaux qu'intérêts & dépens liquidés, sans que dans aucun cas le droit puisse être moindre de vingt sols ;

83. A l'égard des Jugemens de condamnation & autres rendus par les Tribunaux de Diftricts, en matière d'impofition, le droit d'enregiftrement, auquel ils feront affujettis, ne pourra, dans aucun cas, excéder 10 fols ;

84. ART. XII. Les déclarations que les héritiers, donataires éventuels & légataires en ligne directe, feront tenus de fournir de la valeur entière des biens immeubles, réels ou fictifs, qui leur feront échus en propriété ; il ne fera payé que la moitié defdits droits pour les déclarations d'ufufruit des mêmes biens ; & il ne fera rien dû pour la réunion de l'ufufruit à la propriété, lorfque le droit d'enregiftrement aura été acquitté fur la valeur entière du titre de propriété ;

85. ART. XIII. Les legs de fommes & d'effets mobiliers en ligne directe.

SECONDE SECTION.

Actes fujets au Droit de 10 fols par 100 livres.

86. ARTICLE PREMIER. Les contrats de mariage qui feront paffés devant Notaires & avant la célébration, quelques conventions que ces actes puiffent contenir entre les futurs époux & leurs pères & mères, à raifon de toutes les fommes, biens & objets qui y feront défignés comme appartenans aux conjoints, ou leur étant donnés, cédés ou conftitués en ligne directe ; à l'égard des ceffions & donations qui leur feront faites par des parens collatéraux, ou par des étrangers, les droits en feront perçus fur le pied de la quatrième Section ci-après, fi les objets en font préfens & défignés, & fuivant la feconde claffe, s'il s'agit de biens à venir.

87. Le droit d'enregiftrement de ces contrats ne pourra être moindre au total de trente fols, & dans tous les cas, il pourra être réglé fur le pied foit de la première claffe foit de la feconde claffe.

88. ART. II. Les inventaires & les partages entre copropriétaires, qui feront paffés devant Notaires ou au Greffe, à raifon des objets mobiliers inventoriés, & de tous les biens meubles partagés ; mais lorfqu'un partage aura été précédé d'un inventaire en forme authentique, il fera fait déduction des droits jufqu'à concurrence des fommes payées lors de l'inventaire, pour raifon des objets inventoriés qui entreront dans la maffe du partage ; & s'il y a foulte au partage, le droit fera perçu fur cette foulte, fur le pied de la quatrième Section ci-après.

89. ART. III. Les cautionnemens & indemnités de fommes & valeurs déterminées non compris dans la Section précédente.

90. ART. IV. Les attermoiemens entre un débiteur & fes créanciers fans remife fur les capitaux.

91. ART. V. Les donations, ceffions & tranfmiffion à titre gratuit d'ufufruit des biens meubles ou immeubles, qui auront lieu par des actes entre-vifs en ligne directe, autrement que par contrats & en faveur de mariage, à raifon de la valeur entière des biens fujets à l'ufufruit ; à l'égard des ventes & ceffions, faites également en ligne directe, & à titre onéreux des mêmes ufufruits, les droits en feront payés fur le pied du prix ftipulé, fuivant la quatrième Section ci-après.

92. ART. VI. Les déclarations que feront tenus de faire les épaux furvivans des biens immeubles dont ils recueilleront l'ufufruit à titre de donation, droit de viduité ou de tous autres avantages ufufruitiers accordés, foit par les Lois & Coutumes, foit en vertu des claufes inférées dans leurs contrats de mariage, par don mutuel ou par teftament ; & le droit réfultant de ces déclarations fera payé fur la valeur entière des biens fujets à l'ufufruit.

93. ART. VII. Les fociétés, marchés & traités, autres que ceux dénommés dans la Section précédente, compofés de fommes déterminées, & d'objets mobiliers défignés & fufceptibles d'évaluation.

TROISIÈME

TROISIÈME SECTION.

Actes sujets au Droit de 15 sous par 100 livres.

94.   **Article premier.** Les contrats, transactions, sentences arbitrales, promesses de payer, arrêté de comptes & autres actes qui contiendront obligation de sommes déterminées sans libéralité, & sans que l'obligation soit le prix de la transmission d'aucuns effets, meubles ou immeubles.

95.   **Art. II.** Les baux à ferme ou à loyer d'une seule année à raison de ce qui en forme le prix.

96.   **Art. III.** Les donations mutuelles & conventions réciproques de libéralité d'objets mobiliers déterminés, à l'exception de celles entre maris & femmes, en raison de toutes les sommes & de la valeur des biens qui y seront compris ; & lors de l'évènement il ne sera dû aucuns droits.

97.   A l'égard des donations mutuelles & des dons éventuels qui ne comprendront que des biens immeubles déterminés, les droits en seront payés sur le pied de la quatrième Section des actes simples, sans préjudice des déclarations qui seront à fournir pour le paiement des droits proportionnels lorsque ces donations auront leur effet.

98.   **Art. IV.** Les traités de mariages passés sous signatures privées, qui seront présentés à l'enregistrement dans le délai de six mois après leur date, & ceux qui seront passés devant Notaires après la célébration, dans les Pays où ils sont autorisés par les Usages, Lois & Coutumes, à raison des sommes, biens & objets, qui seront énoncés comme appartenans aux conjoints, ou qui leur seront constitués en ligne directe, sans préjudice des droits exprimés dans la Section précédente sur les cessions & donations qui leur seroient faites autrement qu'en ligne directe.

QUATRIÈME SECTION.

Actes sujets au Droit de 20 sous par 100 livres.

99.   **Art. premier.** Les reconstitutions de rentes dues par l'Etat, qui seront faites au profit des acquéreurs de ces rentes par cession ou transport, & toutes autres constitutions de rentes perpétuelles ou viagères.

100.   **Art. II.** Les actes & procès-verbaux contenant vente, cession ou adjudication de biens meubles, coupes de bois taillis & futaies, autres que celles mentionnées en la première Section, & de tous autres objets mobiliers, soit que ces ventes soient faites à l'enchère par autorité de Justice ou autrement, à raison de tout ce qui en formera le prix.

101.   **Art. III.** Les actes, contrats & transactions, passés devant les Officiers publics qui contiendront entre copropriétaires, partage, licitation, cession & transport de biens immeubles, réels ou fictifs, à raison du prix de ce qui sera transporté aux cessionnaires.

102.   **Art. IV.** Les ventes, cessions, donations, démissions & transmissions de propriété de biens immeubles, réels ou fictifs, & les donations de sommes & objets mobiliers qui auront lieu par des actes entre-vifs en ligne directe, autrement que par contrats de mariage.

103.   **Art. V.** Les échanges de biens immeubles entre quelques personnes que ce soit, à raison de la valeur d'une des parts, lorsqu'il n'y aura aucun retour ou plus-value ; & toutes les fois qu'il y aura retour ou plus-value, le droit sera réglé à vingt sols par cent livres, sur la moindre portion, & comme vente sur le retour ou plus-value.

104.   **Art. VI.** Les engagemens conventionnels ou judiciaires, & contrats pignoratifs, stipulés jusqu'à douze années inclusivement, en proportion du montant des créances.

B

105. ART. VII. Les contrats & jugemens portant délaissement, déguerpissement, renvoi & rentrée en possession de biens immobiliers, faute de paiement de la rente ou d'exécution des clauses du premier contrat, ou en vertu des retraits conventionnels ; mais dans le cas où le contrat antérieur auroit été jugé radicalement nul, comme dans celui où il n'auroit pas été exécuté, soit par l'entrée effective de l'acquéreur en jouissance, soit par le paiement du tout ou partie du prix, les droits ne seront payés que sur le pied de la quatrième Section des actes de la troisième Classe.

106. ART. VIII. Les déclarations que seront tenus de fournir dans les délais prescrits par l'article XII du Décret les frères & sœurs, oncles & neveux, héritiers, légataires ou donataires éventuels des biens immeubles, réels ou fictifs, qui leur seront échus en usufruit, dont les droits seront payés à raison de la valeur entière de ces biens ; & si par la suite ils réunissent la propriété à l'usufruit, à quelque titre que ce soit, les droits ne seront payés que sur l'estimation ou le prix de la propriété, déduction faite de l'usufruit.

107. A l'égard des ventes & cessions, à titre onéreux, des mêmes usufruits & des baux à vie, les droits en seront payés, savoir, pour les ventes & cessions, à raison du prix stipulé, & pour les baux à vie, à raison du capital au denier dix de la redevance, & suivant la sixième Section ci-après.

108. ART. IX. Les déclarations que seront tenus de fournir les survivans des époux de tous les biens immobiliers qui leur seront transmis en propriété par donation & libéralité à titre de reprises, de rétention ou autrement, & des capitaux des rentes, pensions, sommes & objets mobiliers qui leur seront échus à titre gratuit, en vertu de leurs contrats de mariage, testamens ou autres dispositions, sauf à déduire sur les droits ce qui aura été payé par le survivant pour l'enregistrement du testament ou du don mutuel.

CINQUIÈME SECTION.

Actes sujets au Droit de 30 sous par 100 livres.

109. ARTICLE PREMIER. Les actes, soit entre-vifs ou à cause de mort, contenant dons ou legs de sommes déterminées & de valeurs mobilières désignées & susceptibles d'estimation, sauf à faire distraction des sommes & objets compris dans les legs & dispositions auxquels il aura été fait renonciation à tems utile & par acte en forme.

110. ART. II. Les déclarations que seront tenus de faire les donataires & légataires éventuels des sommes ou autres objets mobiliers qu'ils auront recueillis par le décès des donateurs, ou par l'événement des autres conditions prévues en vertu d'actes & contrats dont le droit d'enregistrement n'aura été payé que sur le pied des actes simples, conformément à l'article III du Décret.

111. Sont exceptés les donations mutuelles, les dons & gains de survie entre maris & femmes, & les dispositions en ligne directe, dont les droits sont réglés par les précédentes Sections.

112. ART. III. Les déclarations que seront tenus de fournir les héritiers, légataires & donataires éventuels parens aux troisième & quatrième degrés, des biens immeubles, réels ou fictifs, qui leur seront échus en usufruit, conformément au huitième Paragraphe de la Section précédente.

113. ART. IV. Les baux à ferme ou à loyer, au-dessus d'une année, jusqu'à douze inclusivement, & les sous-baux, les subrogations, cessions & rétrocessions desdits baux, à raison du prix d'une année de location.

114. ART. V. Les baux de pâturages excédant 12 années, jusqu'à 30 inclusivement.

SIXIÈME SECTION.

Actes sujets au Droit de 40 sous par 100 livres.

115. ARTICLE PREMIER Les ventes, adjudications, cessions, rétrocessions, les licitations portant adjudication à d'autres que les copropriétaires de biens immeubles réels ou fictifs, les déclarations de command, d'ami, ou autres de même nature, faites après les six mois du jour des acquisitions, les engagemens & contrats pignoratifs au-dessus de douze années, les baux à rente & ceux au-dessus de trente ans, ou à vie sur plus d'une tête.

116. ART. II. Les donations entre-vifs & les mutations des biens immeubles, opérées par succession, testament ou don éventuel entre frères & sœurs, oncles & neveux.

117. Lorsque le vendeur ou donateur se réservera l'usufruit, le droit sera acquitté sur la valeur entière de l'immeuble ; mais il ne sera dû aucun nouveau droit pour la réunion de l'usufruit à la propriété.

118. Dans le cas où la vente comprendroit des biens meubles & immeubles, le droit sera perçu sur le tout, ainsi qu'il est réglé par la présente Section, s'il n'est stipulé pour les meubles un prix particulier.

119. ART. III. Les déclarations que feront tenus de fournir les parens au-delà du quatrième degré, & les étrangers, des biens immeubles réels ou fictifs qui leur seront échus en usufruit.

SEPTIÈME SECTION.

Actes sujets au Droit de 3 livres par 100 livres.

120. ARTICLE PREMIER. Les donations entre-vifs, & les mutations de propriété de biens immeubles, opérées par succession, testament & don éventuel entre parens aux troisième & quatrième degrés.

121. ART. II. Les baux à ferme ou à loyer au dessus de douze années, jusqu'à trente inclusivement.

122. Les mêmes droits seront payés pour les sous-baux, subrogations, cessions & rétrocessions desdits baux, s'ils doivent durer encore plus de douze années.

123. A l'égard des contre-lettres qui seront passées, soit sur des baux, soit sur d'autres actes & contrats, les droits en seront perçus à raison des effets qui en résulteront ; savoir :

124. Sur le pied de la quatrième Section des actes simples, lorsqu'il s'agira seulement de réduire ou de modifier les conventions stipulées par des actes antérieurs qui auront été enregistrés ;

125. Et à raison du triple des droits fixés par le présent tarif, sur toutes les sommes & valeurs que la contre-lettre ajoutera aux conventions antérieurement arrêtées par des actes en forme.

126. Pour tous les actes de la première Classe dont les sommes & valeurs n'excèderont pas 50 livres, il ne sera perçu que la moitié du droit fixé pour 100 livres dans chaque division.

HUITIÈME SECTION.

Actes sujets au Droit de 4 livres par 100 livres.

127. Les donations entre-vifs, & les mutations de propriété de biens immeubles, opérées par succession, testament & don éventuel entre parens au-delà du quatrième degré, & entre étrangers.

SECONDE CLASSE.

Actes dont le Droit eft réglé en raifon du Revenu préfumé & évalué d'après la Cote d'Habitation, dans la Contribution perfonnelle des Contractans.

ARTICLE PREMIER.

128. LES teftamens & actes de dernière volonté, lorfqu'ils contiendront inftitution d'héritier, legs univerfels de biens-meubles ou immeubles, fans tranfmiffion ni acceptation, à raifon d'un feul droit pour chaque teftateur ou inftituant, en quelque nombre que foient les héritiers ou légiflataires.

129. Dans le cas où le teftateur auroit fait plufieurs teftamens ou codicilles, les droits de feconde Claffe ne feront perçus que fur l'un de ces actes ; ils feront réglés pour les autres en raifon de la quatrième Section des actes de la troifième Claffe.

130. Seront réputés legs univerfels ceux qui s'étendront fur la totalité des biens du teftateur, meubles ou immeubles, ou fur un genre de biens propres, acquêts ou conquêts.

131. Seront réputés legs particuliers & fujets aux droits des actes de la première Claffe fur les déclarations eftimatives, ceux qui comprendront des objets mobiliers défignés par leur efpèce ou leur fituation, quand même la confiftance ou la quantité n'en feroient pas déterminées, tels que les legs de la totalité des livres, linges & habits, armes, uftenfiles du teftateur, des meubles garniffant une chambre ou une maifon, & autres femblables.

132. ART. II. Les donations éventuelles d'objets indéterminés, les rappels à la fucceffion, promeffes de garder fucceffion, les inftitutions contractuelles, & autres difpofitions de biens à venir, contenues dans les actes entre-vifs.

133. ART. III. Les fubftitutions & les exhérédations, tant qu'elles fubfifteront, foit qu'elles foient faites par actes entre-vifs, ou à caufe de mort.

134. Il ne fera perçu qu'un droit pour celles faites par une perfonne dans le même acte ; & fi la fubftitution eft de biens défignés fufceptibles d'évaluation, qui donneront ouverture à un moindre droit, en le réglant fur le pied des valeurs, telle qu'elle eft fixée par la quatrième Section de la première Claffe, il fera, dans ce cas, perçu fur ce pied.

135. ART. IV. Tous les actes compris dans les précédentes difpofitions de la deuxième Claffe, ne feront affujettis qu'au demi-droit toutes les fois qu'ils feront faits en ligne directe.

136. ART. V. Les contrats de mariage dont le droit n'aura pas été réglé fur le montant des conftitutions dotales, conformément à l'option réfervée par la deuxième Section des actes de la première Claffe.

137. ART. VI. Les dons mutuels entre maris & femmes.

138. Dans tous les cas ci-deffus exprimés, il fera fait déclaration du montant de la cote d'habitation dans la contribution perfonnelle des contractans, ou des perfonnes dont l'impofition devra fervir à fixer les droits d'après les rôles qui auront immédiatement précédé la date des actes entre-vifs, & la préfentation au Bureau des actes de dernière volonté, à l'effet d'établir la perception, conformément au préfent tarif ; faute de cette déclaration, il fera perçu provifoirement une fomme de 100 livres ; mais les parties auront alors la faculté de juftifier de la fomme de ladite contribution pendant une année, à compter du jour de l'enregiftrement. Les droits feront réduits en conféquence, & l'excédent fera reftitué fans que l'on puiffe être difpenfé de payer le fupplément qui feroit demandé par le Prépofé, en vertu defdits rôles, dans le cas où il en réfulteroit un droit qui furpafferoit la perception provifoire ci-deffus établie.

139. Les contrats de mariage dont le droit fera perçu fur les revenus préfumés des contractans d'après la cote d'habitation, feront de plus affujettis au paiement des droits fur les difpofitions faites en faveur des conjoints par des collatéraux ou des etrangers.

140. La perception du droit fur des revenus préfumés, ne fera affife que fur ceux du futur feulement ; & dans le cas où il ne feroit pas impofé perfonnellement, l'affiette du droit fe fera à raifon du revenu préfumé du père, pour la moitié feulement, fi le futur eft feul héritier, & dans le cas où le futur auroit des frères & fœurs, pour une portion de cette moitié, relative au nombre d'enfans exiftans lors du contrat de mariage.

141. La même règle aura lieu pour les autres actes fujets au droit de la deuxième Claffe, lorfqu'ils feront paffés par des enfans de famille qui ne feront pas impofés perfonnellement.

142. Les actes de cette feconde Claffe qui feront paffés par des perfonnes non impofées à la contribution perfonnelle, à caufe de la modicité de leurs facultés, ne feront fujets qu'au droit de 30 fous.

143. Enfin, les étrangers paieront les mêmes droits ; & dans les cas où ils n'auroient pas été impo-fés à la contribution perfonnelle, le droit fera réglé fur la déclaration qu'ils feront tenus de faire de leurs revenus.

TROISIÈME CLASSE.

PREMIÈRE SECTION.

Actes fujets au Droit fixe de cinq fous.

144. ARTICLE PREMIER. Les lettres de voiture paffées devant les Officiers publics à raifon d'un droit par chaque perfonne à qui les envois feront adreffés.

145. ART. II. Les engagemens de matelots, gens de mer & d'équipage, & les quittances de leurs falaires, qu'ils donneront aux armateurs à leur retour de voyages, à raifon d'un droit pour chaque engagement ou quittance, & fans égard aux fommes qui feront défignées dans ces actes.

146. ART. III. Chaque exploit ou fignification faite entre les défenfeurs des Parties, ou qui aura pour objet le recouvrement des contributions directes ou indirectes, même des contributions lo-cales, & toutes les contraventions aux règlemens généraux de police ou d'impôt, tant en action qu'en défenfe, fuivant les principes qui feront expofés ci-après à la troifième Section, relativement aux droits d'enregiftrement des exploits.

SECONDE SECTION.

Actes fujets au droit fixe de 10 fous.

147. ARTICLE PREMIER. Les procès-verbaux de délits & contraventions aux règlemens généraux de police ou d'impofitions, lefquels feront enregiftrés, à peine de nullité, dans les quatre jours qui fuivront celui de leur date, & avant qu'aucun Huiffier puiffe en faire la fignification.

148. Si la fignification eft faite par le procès-verbal & dans le même contexte, il ne fera perçu que le droit réglé par la préfente Section, tant pour le procès-verbal que pour la fignification à un feul délinquant ; & s'il y a plufieurs délinquans, les droits des fignifications faites au fecond & aux fuivans, feront perçus, outre celui du procès-verbal, ainfi qu'ils font réglés par la précédente Section.

149. ART. II. Les connoiffemens ou reconnoiffances de chargement par mer, à raifon d'un droit par chaque perfonne à qui les envois feront adreffés.

150. ART. III. Les extraits ou copies collationnées d'actes & contrats, par les Officiers publics, à raifon d'un droit par chaque pièce.

151. ART. IV. Les expéditions des Jugemens qui feront rendus en matière de contributions, de délits & contraventions.

152. Les Jugemens préparatoires ou définitifs, rendus en matière criminelle, fur la pourfuite du Mi-niftère public fans partie civile, & les expéditions qui en feront délivrées, feront exempts de la formalité & du droit d'enregiftrement.

TROISIÈME SECTION.

Actes sujets au Droit fixe de 15 sous.

153. **ARTICLE PREMIER.** Les quittances de rachats de droits féodaux, conformément à l'article LIV du Décret de l'Assemblée Nationale, du 3 Mai 1790.

154. **ART. II.** Les exploits & significations des Huissiers & autres, ayant droit de faire des notifications en forme, tant en matière civile que criminelle, à l'exception des exploits désignés dans la première Section ci-dessus, & de ceux qui contiennent déclaration d'appel, dont les droits seront réglés par les Sections suivantes.

155. Les exploits ne seront sujets qu'à un seul enregistrement; mais le droit sera perçu pour chaque personne requérante, ou à qui la signification sera faite, sans qu'il puisse être perçu en total plus de cinq droits sur un exploit ou procès-verbal fait dans un seul jour & pour le même fait.

156. Les copropriétaires & cohéritiers, les parens réunis pour donner leur avis, les débiteurs ou créanciers associés ou solidaires, les séquestres, les experts & les témoins ne seront comptés que pour une seule personne, soit en demandant, soit en défendant.

157. Les exploits & significations qui seront faites à la requête du Ministère public, sans jonction de partie civile, soit par les Huissiers, soit par les Brigadiers & Cavaliers de Maréchaussée, & autres dépositaires de la force publique, pour la poursuite des crimes & délits, seront enregistrés gratis.

QUATRIÈME SECTION.

Actes sujets au Droit fixe de 20 sous.

158. **ARTICLE PREMIER.** Les actes & contrats qui ne contiendront que des dispositions préparatoires & de pure formalité, tels que les procurations, les compromis & nominations d'experts, ou arbitres, les simples décharges, les partages d'immeubles, sans soulte ni retour, les procès-verbaux autres que ceux désignés en la seconde Section, les déclarations & consentemens purs & simples, les actes de notoriété, certificats de vie, affirmations, certificats, attestations, oppositions, protestations, ratifications d'actes en forme, les abstentions & renonciations à communauté, succession ou legs, à raison d'un droit pour chaque succession ou legs, les assemblées de parens ou d'habitans, les autorisations, les délivrances de legs, les actes de respect ou sommations respectueuses, quel que soit l'Officier public qui en sera la notification, à l'exception de ceux signifiés par les Huissiers, les désistemens de demandes ou d'appel avant le Jugement, les résiliemens de marchés & de toutes espèces de conventions avant que leur exécution ait été entamée, même celles des contrats de vente d'immeubles avant que l'acquéreur soit entré en jouissance, ou en paiement du prix de l'acquisition, & des déclarations de command & d'ami, faites dans les six mois qui suivront les ventes & adjudications, en vertu de réserves expressément stipulées par les contrats & jugemens, & aux mêmes conditions que l'acquisition.

159. **ART. II.** Les titres nouvels, les actes de prise de possession, les dépôts & consignations chez les Officiers publics, & généralement tous les actes & contrats qui ne contiendront que l'exécution, le complément & la consommation de contrats antérieurs & immédiats soumis à la formalité, sans qu'il intervienne aucunes personnes désintéressées dans les premières conventions; néanmoins les droits des actes ci-dessus énoncés ne pourront excéder ceux qui auront été perçus sur les contrats précédens auxquels ils auront rapport.

160. **ART. III.** Les dons éventuels d'objets déterminés, & les donations mutuelles qui ne comprendront que des biens immeubles présens & désignés.

161. **ART. IV.** Les actes qui opéreront la réunion de l'usufruit à une propriété dont le droit aura été acquitté sur la valeur entière de l'objet.

162. ART. V. Les actes refaits pour nullité ou autres causes, sans aucuns changemens qui ajoutent aux objets des conventions ou à leur valeur.

163. ART. VI. L'enregistrement de formalité des donations entre-vifs, lorsqu'il sera requis dans des bureaux différens de ceux où les contrats auront été enregistrés pour la perception.

164. ART. VII. Les expéditions des Jugemens & autres actes judiciaires passés aux Greffes ou à l'Audience, qui sont simplement préparatoires, de formalité ou d'instruction, excepté ceux des Juges de Paix, qui sont déclarés exempts de tous droits d'enregistrement, & ceux des Tribunaux de District en matière de contributions, qui sont désignés dans la seconde Section.

165. ART. VIII. Les secondes expéditions des Jugemens des Tribunaux de District, lorsque les premières auront acquitté le droit proportionnel.

166. ART. IX. Enfin, tous les actes civils & judiciaires qui ne pourront recevoir d'application positive à aucune des autres Classes ou Sections du présent tarif.

CINQUIÈME SECTION.

Actes sujets au Droit fixe de 40 sous.

167. Les expéditions des actes judiciaires, portant nomination de Tuteurs & Curateurs, Commissaires, Directeurs ou Séquestres, apposition & reconnoissance de scellés pour chaque vacation, clôture d'inventaire, celles des Jugemens qui donnent acte d'appel, d'affirmation, acquiescement, qui ordonnent qu'il sera procédé à partage, vente, licitation, inventaire, portant reconnoissance ou maintien d'hypothèque, conversion d'opposition en saisie, débouté d'appel ou d'opposition, décharge de demande, déclinatoire, publication judiciaire de donations, entérinement de lettres, de procès-verbaux & rapports, sans qu'il en résulte partage effectif ou mutation ; enfin ceux qui portent main-levée d'opposition ou de saisie, maintenue en possession, nantissement, soumission & exécution de Jugement, les acceptations de succession & de legs qui n'ont pas une valeur déterminée, à raison d'un droit pour chaque legs ou succession, & généralement tous les actes & jugemens définitifs des Tribunaux de Districts, rendus contradictoirement ou par défaut en première instance, & qui ne sont pas applicables à la première Classe.

SIXIÈME SECTION.

Actes sujets au Droit fixe de 3 liv.

168. ARTICLE PREMIER. Les transactions en matière criminelle pour excès, injures & mauvais traitemens, lorsqu'elles ne contiendront aucune stipulation de dommages-intérêts ou de dépens liquidés qui donnent lieu à des droits proportionnels plus considérables.

169. ART. II. Les indemnités dont l'objet n'est pas estimé.

170. ART. III. Les significations & déclarations d'appel au Tribunal de District des Sentences rendues par les Juges de Paix.

SEPTIÈME SECTION.

Actes sujets au Droit fixe de 6 liv.

171. ARTICLE PREMIER. Les abandonnemens de biens pour être vendus en direction, les contrats d'union & de direction de créanciers, les actes & jugemens portant émancipation, bénéfice d'âge ou d'inventaire & rescision, en quelque nombre que soient les impétrans.

172. ART. II. Les sociétés & traités dont les objets ne seront pas susceptibles d'évaluation, les actes qui en stipulent la dissolution & les inventaires de titres & papiers, lorsqu'ils seront séparés de

l'inventaire du mobilier de la succession ou de l'absent, & qu'ils énonceront des titres concernant la propriété des immeubles.

173. ART. III. Les significations & déclarations d'appel des Jugemens des Tribunaux de Districts.

174. ART. IV. Les expéditions des Jugemens définitifs rendus sur appel, & dont les objets ne seront ni liquidés ni évalués.

HUITIÈME SECTION.

Actes sujets au Droit fixe de 12 liv.

175. ARTICLE PREMIER. Les actes & les expéditions des Jugemens portant interdiction ou séparation de biens entre maris & femmes, sauf à percevoir sur le montant des condamnations & liquidations, dans les cas où celles prononcées par le Jugement donneroient ouverture à de plus grands droits.

176. ART. II. Le premier acte portant notification de recours au Tribunal de Cassation, & les expéditions des Jugemens de cette Cour.

Dispositions relatives aux Actes sous signatures privées.

177. Tous les droits établis dans les Classes & Sections du présent tarif, seront perçus sur tous les actes faits sous seing-privé, lorsqu'ils seront présentés à l'enregistrement, suivant la Classe & la Section à laquelle ils appartiendront, sauf le double droit pour les actes de la première Classe seulement, & dans les cas exprimés par la Loi.

Titres des Exceptions.

178. Il ne sera payé que la moitié des droits fixés par le présent tarif, tant sur les actes de la première, que sur ceux de la seconde & de la troisième Classe, pour tout ce qui appartiendra & sera délivré, adjugé ou donné par ventes, donations ou libéralités, legs, transactions, & jugemens en faveur des Hopitaux, Ecoles d'instruction & d'éducation, & autres établissemens publics de bienfaisance.

179. L'Assemblée Nationale se réserve au surplus de statuer sur la fixation des droits qui seront payés pour les acquisitions à quelque titre que ce soit, de biens immeubles réels ou fictifs qui pourront être faites par les Hopitaux, Colléges, Académies & autres établissemens permanens, & sur les formalités qui seront nécessaires pour autoriser ces acquisitions.

180. L'Assemblée se réserve également de statuer sur les hypothèques & sur les droits auxquels elles donnent lieu, lesquels seront provisoirement perçus comme au passé.

181. Toutes les acquisitions de Domaines Nationaux faites par les Municipalités, les ventes, reventes, adjudications & subrogations qu'elles en feront, ensemble les actes d'emprunts de deniers, pour parvenir auxdites acquisitions, avec affectation de privilège sur lesdits fonds, soit de la part des Municipalités, soit de la part des particuliers, en faisant d'ailleurs la preuve de l'emploi réel & effectif des deniers, en acquisition de fonds nationaux, ainsi que les quittances relatives au paiement du prix des acquisitions, seront enregistrés sans être assujettis à autre droit que celui de quinze sols, & ce, pendant les quinze années accordées par le Décret du quatorze Mai dernier.

182. Toutes les acquisitions des mêmes Domaines faites par des particuliers, les ventes & cessions qu'ils en feront, & les actes d'emprunts faits pour les causes & aux conditions portées ci-dessus, ne seront pareillement assujettis qu'au droit d'enregistrement de quinze sols pendant les cinq années accordées par le Décret des vingt-cinq, vingt-six & vingt-neuf Juin dernier.

De l'Imprimerie de CLOUSIER, Imprimeur du ROI, rue de Sorbonne, 1791.

www.ingramcontent.com/pod-product-compliance
Lightning Source LLC
Chambersburg PA
CBHW070855210326
41521CB00010B/1934